倭姫《やまとひめ》の命《みこと》さまの物語

三橋　健　監修
海部やをとめ　著

倭姫《やまとひめ》の命《みこと》さまの物語

神名の読みは歴史的仮名遣いで表記すべきですが、
読みやすさを考慮し、現代仮名遣いに改めました。

倭《やまと》姫《ひめ》の命《みこと》系《けい》図《ず》

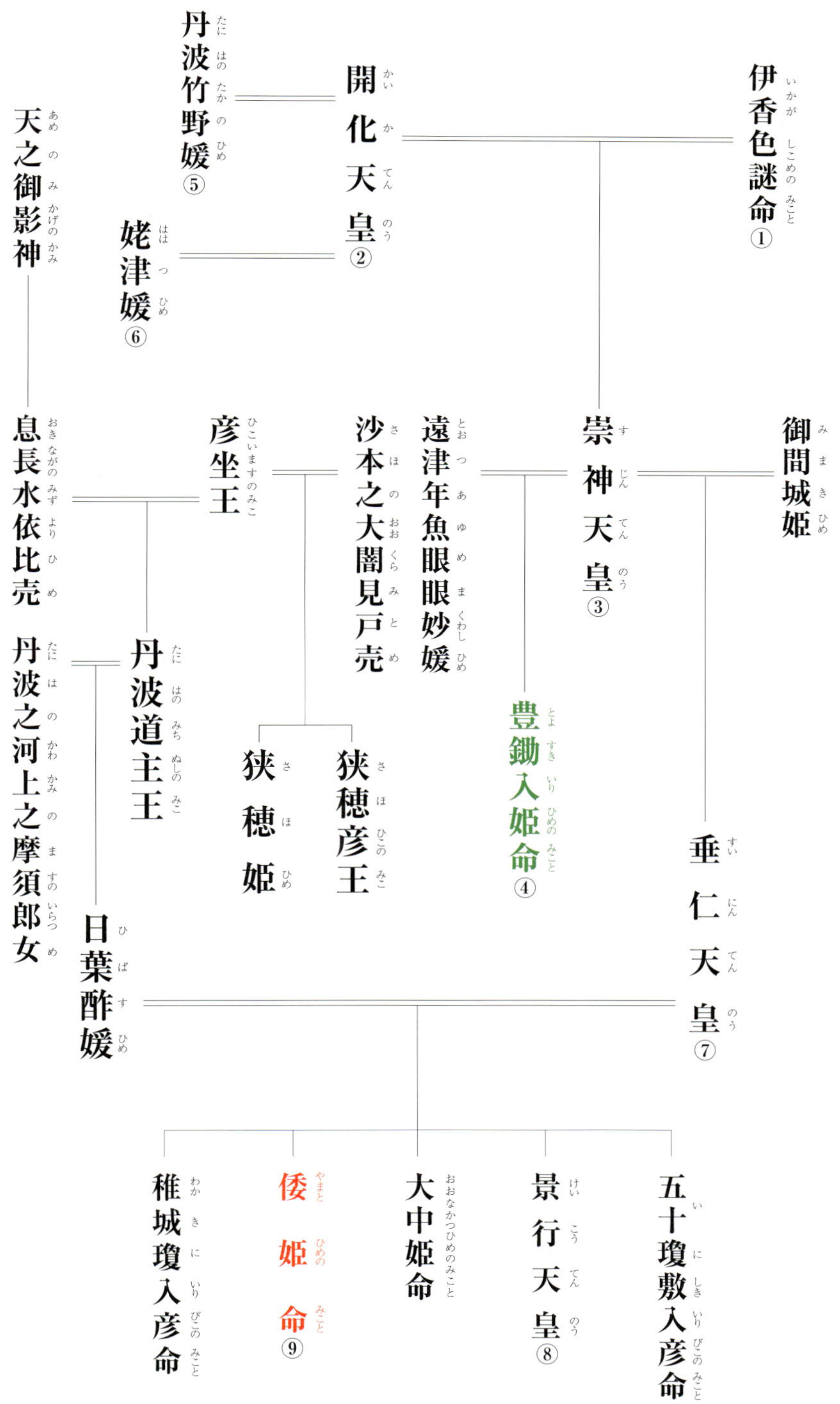

《注記》

①物部氏《もののべのうじ》の遠祖　②第九代天皇　③第十代天皇　④「鋤」の字を『日本書紀』には「鍬」と表記するが、ここでは『倭姫命世記』に基づき「鋤」とした。　⑤旦波《たには》の大県主《おおあがたぬし》由碁理《ゆごり》の女《むすめ》　⑥和珥臣《わにのおみ》の遠祖　⑦第十一代天皇　⑧第十二代天皇　⑨伊勢の神宮を創祀する。

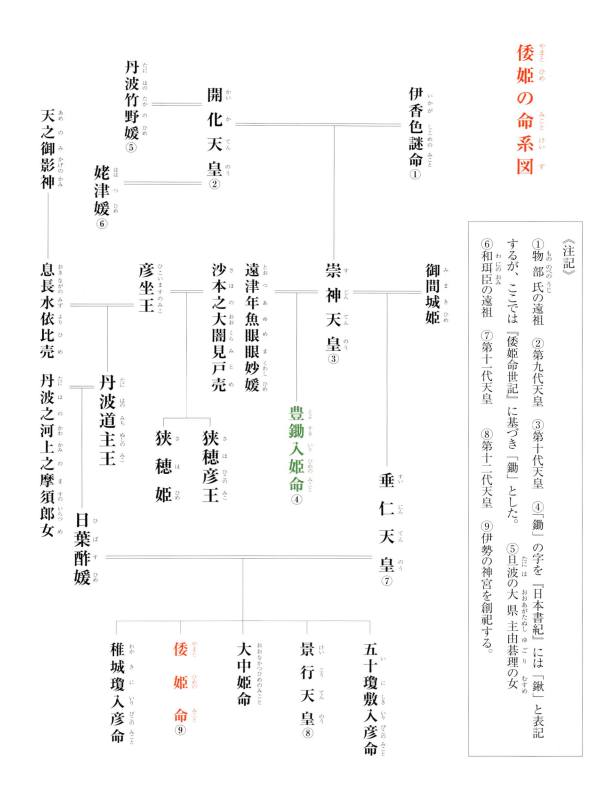

豊鋤入姫の命さまと倭姫の命さまのご巡幸地図（『倭姫命世記』による）

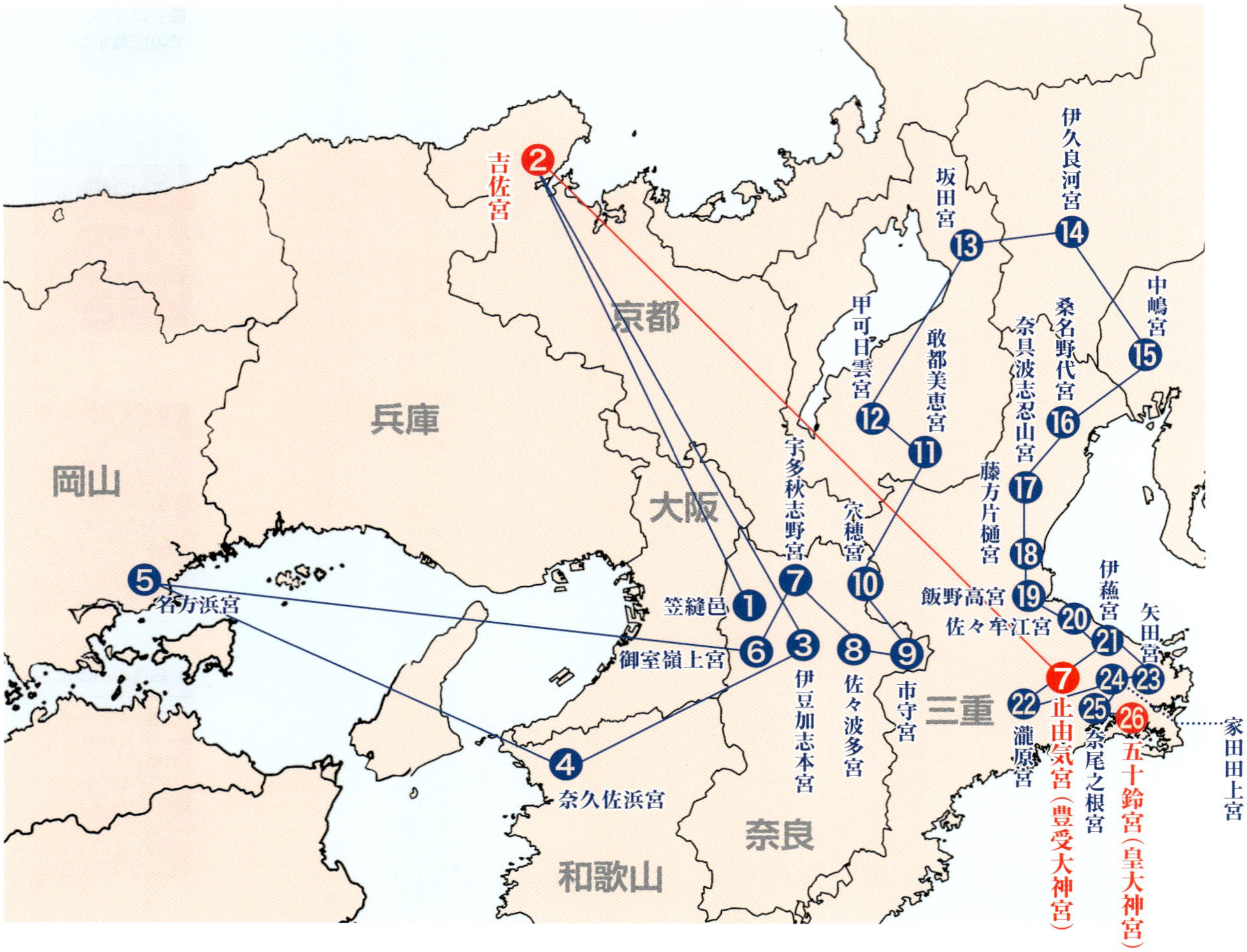

天照大御神　❶〜❻ 豊鋤入姫の命さまにより奉斎
❼〜㉖ 倭姫の命さまにより奉斎

豊受大御神　❷〜❼ 大佐々の命さまたちにより奉斎

豊鋤入姫の命さまと倭姫の命さまのご巡幸　（『倭姫命世記』による）

ご巡幸者	順序	年月日	ご巡幸国	宮　名	ご奉斎年数	備　考
豊鋤入姫の命さまのご巡幸歴	1	崇神天皇六年九月	倭（大和）国	笠縫邑（檜原神社ヵ）	三十三年	『皇太神宮儀式帳』は１～５までの記載がなく、６から始まる。以下に参考までに掲げておく。
	2	崇神天皇三十九年三月三日	丹波国	吉佐宮（与佐宮）	四年	
	3	崇神天皇四十三年九月	倭（大和）国	伊豆加志本宮	八年	
	4	崇神天皇五十一年四月八日	木乃国	奈久佐浜宮	三年	
	5	崇神天皇五十四年	吉備国	名方浜宮	四年	
倭姫の命さまのご巡幸歴	6	崇神天皇五十八年五月五日	倭（大和）国	御室嶺上宮	二年	１ 美和の御諸宮
	7	崇神天皇六十年二月十五日	大和国	宇多秋志野宮	四年	２ 宇太の阿貴宮
	8	崇神天皇六十四年	大和国	佐々波多宮		３ 宇太の佐々波多宮
	9	崇神天皇六十四年十一月二十八日	伊賀国	市守宮	二年	
	10	崇神天皇六十六年十二月一日	伊賀国	穴穂宮	四年	４ 伊賀の穴穂宮
	11	垂仁天皇二年四月四日	伊賀国	敢都美恵宮	二年	５ 伊賀の阿閇柘殖宮
	12	垂仁天皇四年六月三十日	淡海国	甲可日雲宮	四年	
	13	垂仁天皇八年七月七日	淡海国	坂田宮	二年	６ 淡海の坂田宮
	14	垂仁天皇十年八月一日	美濃国	伊久良河宮	四年	７ 美濃の伊久良賀波宮
	15	垂仁天皇十四年	尾張国	中嶋宮	三ヶ月	
	16	垂仁天皇十四年九月一日	伊勢国	桑名野代宮	四年	８ 伊勢桑名の野代宮
	17	垂仁天皇十八年	鈴鹿国	奈具波志忍山宮		９ 鈴鹿の小山宮
	18	垂仁天皇十八年四月十六日	伊勢国	藤方片樋宮	四年	10 壱志の藤方片樋宮
	19	垂仁天皇二十二年十二月二十八日	伊勢国	飯野高宮	四年	11 飯野の高宮
	20	垂仁天皇二十五年ヵ	伊勢国	佐々牟江宮		12 多気の佐々牟迤宮
	21	垂仁天皇二十五年三月	伊勢国	伊蘇宮		13 伊勢の磯宮
	22	垂仁天皇二十五年	伊勢国	瀧原宮		
	23	垂仁天皇二十五年	伊勢国	矢田宮		
	24	垂仁天皇二十五年	伊勢国	家田田上宮		14 宇治の家田の田上宮
	25	垂仁天皇二十五年	伊勢国	奈尾之根宮		
	26	垂仁天皇二十六年十月	伊勢国	五十鈴宮（皇大神宮）	現在まで	15 伊須須の河上の大宮地

豊受大御神さま　丹波国から伊勢の山田原へのご巡幸

ご巡幸者	順序	年月日	ご巡幸国	宮　名	ご滞在日	備　考
大佐々の命さまなどのご巡幸歴	1	神代に与佐の魚井原（真井原）に鎮座	丹波国	吉佐宮（与佐宮）	雄略天皇二十二年七月七日まで	与佐の比沼（治）の魚井原
	2	雄略天皇二十二年七月八日	倭　国	宇太乃宮	一泊	
	3	雄略天皇二十二年七月九日	伊賀国	穴穂宮	二泊	
	4	雄略天皇二十二年七月十一日	伊勢国	鈴鹿神戸	一泊	鈴鹿郡神戸郷野尻村
	5	雄略天皇二十二年七月十二日	伊勢国	山辺の行宮	一泊	津市新家町
	6	雄略天皇二十二年七月十三日	伊勢国	沼木平尾の行宮	三ヶ月泊	度会郡沼木郷山田村
	7	雄略天皇二十二年九月満月の日	伊勢国	止由気宮（度会の山田原）	現在まで	

目次

絵／福嶋武史
挿画協力／艸藝社
装幀／滝口裕子

1 豊受大御神《とようけのおおみかみ》さまと天照《あまてらす》大御神《おおみかみ》さまは、あらかじめ奥深いお約束を結んでおられた

天と地が分かれて、初めて太陽が昇った時、食べ物をお守りくださる御饌都神《みけつかみ》①さま（豊受大御神《とようけのおおみかみ》さま）と、日の神さまである大日孁《おおひるめ》の貴《むち》②さま（天照《あまてらす》大御神《おおみかみ》さま）とは、あらかじめ奥深いお約束③を結んでおられました。二柱《ふたはしら》④の神さまは、ただひたすらに、日本の国が平和でありますようにとお祈りしておられました。

このようなわけで、これらの大御神《おおみかみ》さまたちは、それぞれ月となり、太陽となり、ともに永久に天空におられて落ちることがなく、その輝く光は明るく美しく、天地四方のすみずみにいたるまで、照らしておられるのでございます。

天上界で目に見えないお約束を結ばれた豊受大御神《とようけのおおみかみ》さまと天照《あまてらす》大御神《おおみかみ》さま

《さらに詳しく知りたい方のために》

①御饌都神

神名の御饌の「御」は尊敬を表す接頭語であり、「饌」は食物の意。食物を司る神で、代表的なのは豊受大御神である。また『記紀』に登場する大宜都比売命、保食神なども食物を司る神である。神名の「け」は食物・食事を意味している。豊受大御神は伊勢の神宮の外宮にお祀りされている衣食住の守護神である。神名の「豊受」とは「豊かな食べ物」という意味。また、この神は第二十一代雄略天皇二十一年の天照大御神のお告げによって、翌二十二年に丹波国与謝郡、現在の京都府宮津市大垣に鎮座する籠神社の奥宮の真名井神社から、天照大御神の傍で食事を司る神として伊勢の地へ迎えられた。以来、現在に至るまで伊勢の豊受大神宮（外宮）の主祭神として祀られてきた。

②大日孁の貴

天照大御神の別名。神名の「大日孁貴」とは「日の神なる天照大御神にお仕えする尊貴な巫女」との意味である。「神代紀」第五段の本文に「日の神をうみまつります。大日孁貴と

号す」とある。なお、「天照大神」との神名は一書に見えると記す。天照大御神は、伊勢の皇大神宮（内宮）の主祭神。皇室のご祖神、日本国民の総氏神でもある。御神徳は広大無辺で、天に照り輝く太陽のように平等である。中世になると、父と母との神として親しまれ、だれかれの隔てなく多くの御恵みを与えておられる。

③あらかじめ奥深いお約束
原文には「幽契」とあり、その意味は「目に見えない神と神との約束」のことである。

④柱
神を数える数詞。一柱《ひとはしら》、二柱《ふたはしら》と数える。

〔**補説**〕
伊勢の神宮の建築様式は唯一神明造りという最古の様式であるが、ご正殿の床下に心御柱が奉建されている。その柱は神霊がやどる柱、すなわち神の依り代ともいわれる。神が常在する社殿が成立するまでは、樹木や岩などに神霊がやどる、あるいは依りつくと信じていた。特に樹木は神霊が降臨するものとして神聖視された。大陸文化、なかでも仏教文化が伝来した影響により社殿が造立されるようになる。「柱」は「木」と「主」から構成される漢字で、「主」は「木主」などの言葉が示すように、「そこに神霊がやどり、とどまる」意である。このように、樹木に神霊が依りつくという信仰は、以後もなくなることなく継承している。神霊の依り代である心御柱は、神霊そのものなので、神様を数える数詞に「柱」を用いたとも考えられる。また『古事記』本文の冒頭部分に「此三柱神者、・・・」と記されていることから、奈良時代では神を数える数詞として「柱」が用いられていたことを知る。また「柱」を「みはしら」と尊んで訓むことは「神代紀」上、第三段一書第一に注記されている。

② 神さまの世界から人間の世界へと天降《あまくだ》られた天照大御神《あまてらすおおみかみ》さまの孫神《まごがみ》さま

天上界におられた天照大御神《あまてらすおおみかみ》さまはある時、孫神《まごがみ》さまを天降《あまくだ》らせることをお決めになりました。その時、天照大御神《あまてらすおおみかみ》さまは、美しい御玉《みたま》と大きくて立派な御鏡《みかがみ》、そして草薙《くさなぎ》の剣《つるぎ》という三種類のご神宝《しんぽう》①を孫神《まごがみ》さまの邇邇芸《ににぎ》の命《みこと》②さまにお授けになって、次

《さらに詳しく知りたい方のために》

①三種類のご神宝

三種の神器のこと。歴代天皇の皇位継承のしるしとして継承されている鏡・剣・曲玉のこと。最初の御玉は八坂瓊曲玉と称し、皇居にある御所の剣璽の間に保管されているという。次の御鏡は八咫鏡と称し、垂仁天皇の御代に倭姫命により伊勢へ遷され、伊勢の皇大神宮のご神体となっている。最後の草薙剣は、もとは天叢雲剣とも称され、倭姫命が八

のようにおっしゃいました。
「これらのご神宝《しんぽう》は、天皇さまが永久にご統治《とうち》なさるお証《しる》しとしなさい。また、御鏡《みかがみ》を御覧《ごらん》になることは、わたくし天照大御神《あまてらすおおみかみ》さまを見るのと同じだと考えなさい。そして御鏡《みかがみ》は床③を同じくし宮殿を同じくしてお祀《まつ》り申し上げなさい。そのようにすれば、天皇さまがご統治《とうち》なさる御代《みよ》は、天地とともに限りなく、永久に栄えるに違いない④」

このような天照大御神《あまてらすおおみかみ》さまのお言葉をお受けになり、邇邇芸《ににぎ》の命《みこと》さまとそのお供《とも》である天《あめ》の児屋根《こやね》の命《みこと》⑤さまは、祓《はら》え清《きよ》めるお詞《ことば》をとなえられました。

その祓《はら》えの詞《ことば》は、次のようでありました。
「神さまの御前《みまえ》で、謹《つつし》んでお願い申し上げ、鄭重《ていちょう》に拝礼《はいれい》をいたします。諸々《もろもろ》の神さまたちよ、それぞれにお祈りください。今まさに天地は清浄《しょうじょう》でございます。穢《けが》れたものはまったくありません。すべてのことは影と形の関係のようなもので、心が清浄《しょうじょう》で

咫鏡と共に伊勢の神宮に遷され、その後は倭姫命から日本武尊に授けられ、現在は熱田神宮に御霊代として祀られている。

②邇邇芸の命
天照大御神の孫神。ちなみに、「神代記」によると、兄神として天火明命がおり、この神を祖とする氏族は尾張の尾張氏や丹後の海部氏などである。

③床
原文では「牀」とあり、意味は「寝るための床」「寝るために敷かれた布団」などのほかに、「床の間」「座敷の床を一段高くした所」「屋内で板を張って地面より高くした所」という意味もある。

④天皇さまがご統治なさる御代は、天地とともに限りなく、永久に栄えるに違いない
「神代紀」(下)第九段一書第一に、「寶祚の隆えまさむこと、當に天壤と窮まりなかるべし」とあるのと同じ。天照大御神の子孫が栄えることを述べている。

⑤天の児屋根の命
天照大御神が天の石屋に籠もられた時、祝詞をとなえた神で、天孫降臨

あれば、かりに不浄《ふじょう》にまじわろうとも、穢《けが》れることはありません。身体や言葉や心によってあらわれる行為は、すべて原因があり、そこから生ずるものでございます⑥」

次に太玉《ふとたま》の命《みこと》⑦さまは、神さまにお供えするための青和幣《あおにぎて》・白和幣《しろにぎて》⑧という麻《あさ》や木綿《ゆう》で織《お》った立派な布を捧げもち、また、天《あめ》の牟羅雲《むらくも》の命《みこと》⑨さまは、神さまにお供えする榊《さかき》の枝に木綿《ゆう》をつけた立派な玉串《たまぐし》⑩を持ち、さらにお供《とも》の三十二柱《はしら》⑪の神さまたちが邇邇芸《ににぎ》の命《みこと》さまの前後に添い従いました。

御一行は高天《たかま》の原《はら》にある堅固《けんご》な関所《せきしょ》をお開きになって、天空にたなびいている多くの雲を押しわけて、筑紫《つくし》の国《くに》の日向《ひゅうが》にある高千穂《たかちほ》の槵触《くしふる》の峰に天降《あまくだ》りなさったのでございます。

天照大御神《あまてらすおおみかみ》さまより賜《たまわ》った八坂瓊《やさかに》の曲玉《まがたま》・八咫《やた》の鏡《かがみ》・草薙《くさなぎ》の剣《つるぎ》の三種類のご神宝《しんぽう》と共に人間界《にんげんかい》へと天降《あまくだ》りになる邇邇芸《ににぎ》の命《みこと》さまの御一行

に従った五伴緒神の一神。中臣氏（藤原氏）の祖神。

⑥神さまの御前で、謹んでお願い申し上げ、鄭重に拝礼をいたします。諸々の神さまたちよ、それぞれにお祈りください。今まさに天地は清浄でございます。穢れたものはまったくありません。すべてのことは影と形の関係のようなもので、心が清浄であれば、かりに不浄にまじわろうとも、穢れることはありません。身体や言葉や心によってあらわれる行為は、すべて原因があり、そこから生ずるものでございます

この祓詞の原文は「謹請再拝。諸神等各念倍。此時天地清浄偈止。諸法如影像奈利。清浄無仮穢志。取説不可得須。皆従因業生勢利」である。これと同文が『金剛界礼讃《こんごうかいれいさん》』の結偈《けつげ》に「白衆《はくしゅ》等《と》各念《かくでん》、此時清浄偈《ししせいせいげ》、諸法如《しょはじょ》影像《えいしょう》、清浄無瑕《せいせいぶか》（假カ）穢《かい》、取説《しゅせ》不可得《ぶかとく》、皆従因業生《かいしょういんげっせい》」とみえている。これは金剛界曼荼羅の諸尊を請《こ》い、諸尊の名号《みょうごう》をとなえ、徳を讃え、懺悔するのである。ちなみに『六根清浄大祓』には「諸々の法は、影と像の如し。清く浄ければ、仮にも穢るること無し。説を取らば得べから

ず。皆、花よりぞ木の実とは生る」とある。最後の「皆、花よりぞ木の実とは生る」のところだけが相違し、後は同文である。以上のことから、伊勢流の祓詞に真言宗の影響があることがわかる。また「清浄」が伊勢神道の教説の中心をなすことはいうまでもない。

⑦太玉の命

天照大御神の天の石屋戸隠れの際、榊に玉・鏡・和幣を掛けてその出現を祈願した神。忌部氏の祖先。

⑧青和幣・白和幣

麻から作った柔らかい少し青みがかった白い布が青和幣。楮の皮の繊維から作ったのが白和幣。木綿ともいう。

⑨天の牟羅雲の命

伊勢の神宮の外宮の度会氏の祖先。京都・籠神社の海部氏や愛知・熱田神宮の尾張氏の三代目祖先にも当たる。

⑩立派な玉串

榊の小枝に木綿や紙垂などを取り付けたもので、太玉串という。「太」は美称。

⑪三十二神

『先代旧事本紀』巻第三、天神本紀に、

三十二神の名を以下のように掲げてある。①天香語山命、②天鈿売命、③天太玉命、④天児屋命、⑤天櫛玉命、⑥天道根命、⑦天神玉命、⑧天椹野命、⑨天糠戸命、⑩天明玉命、⑪天牟良雲命、⑫天背男命、⑬天御陰命、⑭天造日女命、⑮天世平命、⑯天斗麻弥命、⑰天背斗女命、⑱天玉櫛彦命、⑲天湯津彦命、⑳天神魂命、㉑天三降命、㉒天日神命、㉓乳速日命、㉔八坂彦命、㉕伊佐布魂命、㉖伊岐志迩保命、㉗活玉命、㉘少彦根命、㉙事湯彦命、㉚八意思兼神の子の表春命、㉛天下春命、㉜月神命。

③ 天皇さまは天照大御神《あまてらすおおみかみ》さまである御鏡《みかがみ》の威勢《いせい》を畏《おそ》れられて、御鏡《みかがみ》と御剣《みつるぎ》を倭《やまと》の笠縫《かさぬい》の邑《むら》へお遷《うつ》しになられた

天降《あまくだ》られた邇邇芸《ににぎ》の命《みこと》さまから四代後の初代の神倭伊波礼彦《かむやまといわれひこ》天皇《すめらみこと》（神武《じんむ》天皇）①さまから第九代の稚日本根子彦大日日《わかやまとねこひこおおひひの》天皇《すめらみこと》（開化《かいか》天皇）②さまの御代《みよ》まで、六百三十年余りの月日が流れました。その間、天照大御神《あまてらすおおみかみ》さまと天皇さまとの区別は、

《さらに詳しく知りたい方のために》

①神倭伊波礼彦天皇（神武天皇）『記紀』に伝える第一代の天皇。神武天皇は神日本磐余彦天皇の漢風諡号。彦波瀲武鸕鶿草葺不合尊第四皇子で、九州日向から東進して大和地方を平定した。紀元前六六〇年（皇紀元年）に、大和の橿原宮で即位した。奈良県の橿原神宮にお祀りされている。

②稚日本根子彦大日日天皇（開化天皇）

まだはっきり分かれておりませんでした。だから、天照大御神《あまてらすおおみかみ》さまと天皇さまとは、同じ宮殿のなかで、床も同じく③しておられました。三種類のご神宝《しんぽう》も天皇さまのお住まいになる宮殿の床の上に、ご一緒にお祀《まつ》り申し上げておりました。

ところが、第十代の御間城入彦五十瓊殖《みまきいりびこいにえの》天皇《すめらみこと》（崇神《すじん》天皇）④さまがご即位なさって六年目の九月のことでございます。天皇さまは天照大御神《あまてらすおおみかみ》さまそのものである御鏡《みかがみ》の威勢《いせい》を畏《おそ》れられ、また床を同じくし宮殿を同じくしてご一緒にお住まいになることが穏やかでなくなりました。そこで、天皇さまは倭《やまと》の笠縫《かさぬい》の邑《むら》⑤に堅固《けんご》なご神域《しんいき》⑥を設けられ、そこへ御鏡《みかがみ》と草薙《くさなぎ》の剣《つるぎ》をお遷《うつ》しになり、皇女《こうじょ》の豊鍬入姫《とよすきいりひめ》の命《みこと》⑦さまにお祀《まつ》りするようお命じになりました。その日の夕方、倭《やまと》の笠縫《かさぬい》の邑《むら》には多くの宮人《みやびと》が集まり、終夜《しゅうや》、宴《うたげ》を催し、歌ったり舞ったりいたしました。

『記紀』に伝える第九代の天皇。孝元天皇の第二皇子。開化天皇は稚日本根子彦大日日尊の漢風諡号。皇居は大和の春日率川宮。三人の后があり、その中の一人に豊受大御神の出身地である丹波国（七一三年以後は丹後国）の姫君・丹波竹野媛がある（倭姫の命系図参照三頁）。

③同じ宮殿のなかで、床も同じく
これを「同殿共床」という。天皇と神とが一緒の御殿で床を同じくしてお住まいになること。

④御間城入彦五十瓊殖天皇（崇神天皇）
『記紀』に伝える第十代の天皇。崇神天皇は御間城入彦五十瓊殖尊の漢風諡号。開化天皇の第二皇子。御肇国天皇とも。奈良県桜井市の三輪山麓に瑞籬宮を建て大和朝廷の基礎を確立した。北陸・東海・西道・丹波などを平定。税制の基盤を築き、国家体制の基礎を整えた。「崇神」という諡号からもわかるように天神地祇を崇められ、天社・国社、神地・神戸を定められた。

⑤倭の笠縫の邑
所在地については諸説がある。奈良県桜井市三輪に鎮座する大神神社の

摂社の檜原神社付近が有力。当社は本殿がなく、三ツ鳥居を通して神籬と磐座を拝する様式となっている。天照大御神・伊弉諾尊・伊弉冉尊の三座を祀り、境内地には豊鍬入姫宮が鎮座する。

⑥堅固なご神域

原文は「磯城の神籬」とある。神籬は神を迎え祭りをするために臨時に設けられる神の座となる榊などの常緑樹。

⑦豊鋤入姫の命

崇神天皇と紀伊国造の荒河刀弁の女《むすめ》との間にお生まれになった皇女。『古事記』は「豊鉏入比売命」、『日本書紀』は「豊鍬入姫命」「豊耜入姫命」と表記し、いずれも「とよすきいりひめのみこと」と訓む。父君である崇神天皇の母君・伊香色謎命は物部氏の女《むすめ》で、その祖神は尾張の尾張氏や丹後の海部氏と同じと考えられている。

倭《やまと》の笠縫《かさぬい》の邑《むら》で天照大御神《あまてらすおおみかみ》さま（八咫《やた》の鏡《かがみ》）
と草薙《くさなぎ》の剣《つるぎ》をお祀《まつ》りになる豊鍬入姫《とよすきいりひめ》の命《みこと》さま

4 豊鍬入姫《とよすきいりひめ》の命《みこと》さまは丹波《たには》の国《くに》の吉佐《よさ》の宮《みや》にお遷《うつ》りになり 天照大御神《あまてらすおおみかみ》さまを四年間お祀《まつ》りなさいました

崇神《すじん》天皇さまがご即位なさって三十九年目①の三月三日のことでございます。豊鍬入姫《とよすきいりひめ》の命《みこと》さまは丹波《たには》の国《くに》②の吉佐《よさ》の宮《みや》③にお遷《うつ》りになりました。八月十八日、神聖な垣根が造られました。豊鍬入姫《とよすきいりひめ》の命《みこと》さまはその地で、天照大御神《あまてらすおおみかみ》さまを四年間お祀《まつ》りなさいました。その後、豊鍬入姫《とよすきいりひめ》の命《みこと》さまは、さらに倭《やまと》の国《くに》に天《あま》照《てらす》大御神《おおみかみ》さまをお祀《まつ》りするのにふさわしいところがないかと探し求めに向かわれました。

《さらに詳しく知りたい方のために》

①崇神天皇さまがご即位なさって三十九年目
崇神天皇三十九年は、紀元前五十九年。

②丹波の国
元明天皇の七一三年まで、丹波国は十一郡から形成されていた。その範囲は京都府中部・北部と兵庫県の一部である。丹波は但波・旦波などとも表記する。原文には「但波」とある。

③吉佐の宮
京都府宮津市に鎮座する籠神社の奥宮である真名井神社付近が有力な比定地とされている。籠神社は奥宮の地である魚井原（真井原・真名井原）に鎮座していた吉佐宮を奈良時代に

この年④、食べ物をお守りくださる豊受大御神《とようけのおおみかみ》さまが天上よりお降《くだ》りになりました。そして、天照大御神《あまてらすおおみかみ》さまにおもてなしのお食事を差し上げなさいました。

丹波《たには》の国《くに》の吉佐《よさ》の宮《みや》で天照大御神《あまてらすおおみかみ》さまに食物をお供えする豊受大御神《とようけのおおみかみ》さまと八乙女《やおとめ》たち

現在の地に遷宮し、宮号を吉佐宮から籠宮（のちに籠神社）と改称した。籠神社の累代の社家である海部家は、天照大御神の御孫の邇邇芸命の兄神に当たる天火明命を始祖とする。それゆえ海部氏の祖先がこの地に豊受大御神を創祀し、吉佐宮（匏宮）を創建したと伝えている（国宝『海部氏系図』・『海部氏勘注系図』参照）。

また、豊鋤入姫命は開化天皇の御孫に当たるが、その時代、籠神社海部氏の当主であったとされる丹波道主王も開化天皇の御孫に当たる。神名に豊受大御神と同じ「豊饒」という意味の「豊」を冠した豊鋤入姫命にとっては、豊受大御神の鎮座地の天橋立への巡幸は懐かしい地であったと思われる。

④この年

ここで言う「この年」は、崇神天皇三十九年（七月七日）と考えられる。『倭姫命世記』の巻末に、伊勢の神宮に祀られている神々について記されているところがある。その「豊受太神一座」の項目に「元丹波国、與謝郡比沼山頂、麻奈井原坐、御饌都神。亦名、倉稲魂、是也。大自在天子。

御霊形、真経津鏡坐。円鏡也。神代三面内也。天御中主霊。御間城入彦五十瓊天皇即位三十九年七月七日天降坐」とある。

5 倭《やまと》の国《くに》の伊豆加志《いつかし》の本《もと》の宮《みや》、紀伊《きい》の国《くに》の奈久佐《なくさ》の浜《はま》の宮《みや》、吉備《きび》の国《くに》の名方《なかた》の浜《はま》の宮《みや》のことなど

崇《す》神《じん》天皇さまがご即位なさって四十三年目①の九月のことでございます。豊鋤入姫《とよすきいりひめ》の命《みこと》さまは倭《やまと》の国《くに》の伊豆加志《いつかし》の本《もと》の宮《みや》②にお遷《うつ》りになり、そこで天照大御神《あまてらすおおみかみ》さまを八年間お祀《まつ》りなさいました。

また崇《す》神《じん》天皇さまがご即位なさって五十一年目③の四月八日のこと、豊鋤入姫《とよすきいりひめ》の命《みこと》さまは木《き》の国《くに》④の奈久佐《なくさ》の浜《はま》の宮《みや》⑤にお遷《うつ》りになり、そこで天照大御神《あまてらすおおみかみ》さまを三年間お祀《まつ》りなさいました。この時、紀伊《きい》の国《くに》の造《みやつこ》⑥は、豊鋤入姫《とよすきいりひめ》の命《みこと》さまに舎人《とねり》⑦として紀《き》の麻呂良《まろら》を、さらに稲田《いなだ》⑧を進上いたしました。

八咫《やた》の鏡《かがみ》を頭上《ずじょう》にお載《のせ》せになって国々をご巡幸《じゅんこう》なさる豊鋤入姫《とよすきいりひめ》の命《みこと》さま

《さらに詳しく知りたい方のために》

①崇神天皇さまがご即位なさって四十三年目
崇神天皇四十三年は、紀元前五十五年。

②伊豆加志の本の宮
奈良県桜井市初瀬の与喜天神宮（与喜天満神社とも）付近が比定地。

③崇神天皇さまがご即位なさって五十一年目
崇神天皇五十一年は、紀元前四十七年。

④木の国
紀伊の国の古称。現在の和歌山県。

⑤奈久佐の浜の宮
和歌山市秋月に鎮座する日前国懸神宮付近が有力比定地。日前神宮と国懸神宮は両宮とも天照大御神を奉祀しているが、前者は日前大神と申して日像鏡を祀り、後者は国懸大神と申して日矛鏡を祀る。なお、天の石屋に籠もられた天照大御神をお出しするため、石凝姥命が鋳造した最初の鏡である。ただ、この鏡は意に合わなかったという。そこで、二番目に鋳造した鏡が皇大神宮の御神体となった。

豊鋤入姫命の母君は、紀の国造家から崇神天皇の皇后となられた。豊鋤入姫命は、石凝姥命が最初に造った御鏡と、その次に造った伊勢の神宮の御神体となる八咫鏡とを、一緒に母君の故郷で三年間お祀りできた喜びを心に刻まれたに違いない。

⑥国の造

大化改新以前の国造は氏姓国造と呼ばれた。大和朝廷の体制下に組み込まれた地方豪族の世襲制地方官で、朝廷が区分した一国の政治と祭祀の両方の実権を持った。

⑦舎人

皇族や貴族に仕え、身の回りの雑務などを行った下級官人。律令制下では、内舎人・大舎人・春宮舎人・中宮舎人などがいた。

⑧稲田

原本には「地口の御田」とある。しかし、地口《ちくち》という語はよくわからない。時代は下り、室町時代の京都・奈良などでは、家屋や田畑に課された臨時の税を地口、あるいは地口銭といった。ここでは稲田と解したが、今後の調査研究を俟ちたい。一説に、国と国の境目に一番近い田地ともい

さらに崇神《すじん》天皇さまがご即位なさって五十四年目⑨のことでございます。豊鋤入姫《とよすきいりひめ》の命《みこと》さまは吉備《きび》の国《くに》⑩の名方《なかた》の浜《はま》の宮《みや》⑪にお遷《うつ》りになり、そこで天照大御神《あまてらすおおみかみ》さまを四年間お祀《まつ》りなさいました。この時、吉備《きび》の国《くに》の造《みやつこ》は、采女《うねめ》⑫として吉備都比売《きびつひめ》と、また稲田《いなだ》を進上いたしました。

う。

⑨崇神天皇さまがご即位なさって五十四年目
崇神天皇五十四年は、紀元前四十四年。

⑩吉備の国
岡山県と広島県東部。

⑪名方の浜の宮
岡山市北区番町の伊勢神社付近が比定地。

⑫采女
国造や県主など地方豪族の娘が朝廷に献上された。天皇や皇后のおそばにいて、炊事や食事、あるいは身の回りの雑事などを行った下級女官。

6 豊鋤入姫《とよすきいりひめ》の命《みこと》さまから倭姫《やまとひめ》の命《みこと》さまへの御杖代《みつえしろ》のご継承

崇神《すじん》天皇さまがご即位なさって五十八年目①の五月五日のこと

《さらに詳しく知りたい方のために》

①崇神天皇さまがご即位なさって五十八年目
崇神天皇五十八年は、紀元前四十年。

②倭の国の弥和（三輪）の御室の嶺の上の宮

でございます。豊鍬入姫《とよすきいりひめ》の命《みこと》さまは倭《やまと》の国《くに》の弥和《みわ》（三輪《みわ》）の御室《みむろ》の嶺《みね》の上《うえ》の宮《みや》②にお遷《うつ》りになり、そこで天照大御神《あまてらすおおみかみ》さまを二年間お祀《まつ》りなさいました。この時、豊鍬入姫《とよすきいりひめ》の命《みこと》さまは、

「わたくしはずいぶん長い年月にわたり、天照大御神《あまてらすおおみかみ》さまにお仕え申し上げてまいりましたので、この先もお仕え申し上げるには心細《こころぼそ》い年齢に達しました」

とおっしゃって、第十一代の垂仁《すいにん》天皇さまの皇女《こうじょ》の倭姫《やまとひめ》の命《みこと》さまへ御杖代《みつえしろ》③のお役目をお委《ゆだ》ね申し上げなさいました。

それより後は、豊鍬入姫《とよすきいりひめ》の命《みこと》さまの姪にあたられる倭姫《やまとひめ》の命《みこと》さまが天照大御神《あまてらすおおみかみ》さまを頭の上に戴《いただ》いて④、大御神《おおみかみ》さまの御心《みこころ》に叶う素晴らしい土地を求める旅にご出発なさいました。

その時、天児屋《あめのこやね》の命《みこと》さま、太玉《ふとたま》の命《みこと》さま、天《あめ》の手力男《たぢからお》の神《かみ》さま、栲幡姫《たくはたひめ》の命《みこと》さま、豊石窓《とよいわまど》と櫛石窓《くしいわまど》の命《みこと》さま、さらには五部伴《いつとものお》の神《かみ》さまたちも共にお仕え申し上げました。

奈良県桜井市の大神神社の摂社である高宮神社付近が有力比定地。御室は神霊の降臨する山のことで、ここでは三輪山のこと。その三輪山の山頂に高宮神社は鎮座し、大物主神の御子である日向御子神を祀る。社殿の奥手に奥津磐座群が鎮まっている。大神神社は秀麗な円錐形の三輪山をご神体としている。いまも本殿はなく、拝殿奥の三ッ鳥居を通して神体山に籠もる大物主大神を拝するという。日本最古の神社の一つで、神体山の奥津磐座に大物主大神、中津磐座に大己貴神、辺津磐座に少彦名神が祀られている。

〔**補説**〕

「神代紀」上、第八段、一書第六に「大己貴神が、少彦名神と力を合わせて国造りに励まれていたが、ある日、少彦名命が常世に行かれ悲しんでいた。その時、海を照らしてやって来た神があった。大己貴神が、名前を問うと『私はあなたの幸魂・奇魂である。私を祀らないと国作りは完成しない』と答えられた。そこで『どのような方法で祀ればいいのか』と尋ねると、『私は三諸山に住みたいと思う』と言われた。そこで三諸

山に宮を造り、そこに住まわせた。」とある。これが大三輪の神である。

ちなみに「出雲国造神賀詞」にも、大穴持命（大国主神）が自分の和魂を鏡に付け、倭の大物主櫛𤭖玉命と名をたたえて、三輪山に鎮めよといったとみえる。いずれも、大神神社の起源を述べた由来記である。大穴持命は少名毘古那の神と協力して国作りに尽力し、その後、三輪山の神を祀ることにより、その神の助けにより国作りは成功すると約束している。

さらに大物主命は酒の神でもある。崇神天皇八年の四月、天皇は高橋邑の活日を大物主命へ奉る酒を造る杜氏に任命した。その年の十二月、天皇は大田田根子に大物主神を祀らせ、活日が天皇に御酒を奉り、詠んだ歌は「此の神酒は我が神酒ならず倭なす大物主の醸みし神酒、幾久、幾久」である。大物主命の御子の姫蹈鞴五十鈴姫命は三輪山山麓の狭井川の山百合の咲き誇る場所に住まわれていた。

③御杖代

神の憑依する依り代のこと。依り代となったものは、それ自身が神とな

倭《やまと》の三輪山《みわやま》で豊鋤入姫《とよすきいりひめ》の命《みこと》さまから八咫《やた》の鏡《かがみ》を頭上《ずじょう》にお載《の》せいただく倭姫《やまとひめ》の命《みこと》さま

る。ここでは天照大御神の御杖代となる人である。ただひたすら天照大御神にお仕えする方のこと。

④頭の上に載いて

大切なものの運び方で、頭上に載せた。奈良県の正暦寺に所蔵の「伊勢両宮曼荼羅」は、南北朝時代の制作とされるが、その内宮図の方に、頭上に包みを載せている倭姫命の図が見えるのが参考になる。

7 大和《やまと》の国《くに》の宇多《うた》の秋志野《あきしの》の宮《みや》での倭姫《やまとひめ》の命《みこと》さまの御夢《みゆめ》

崇神《すじん》天皇さまがご即位なさって六十年目①の二月十五日のことでございます。倭姫《やまとひめ》の命《みこと》さまは大和《やまと》の国《くに》の宇多《うた》の秋志野《あきしの》の宮《みや》②にお遷《うつ》りになり、そこで天照大御神《あまてらすおおみかみ》さまを四年間お祀《まつ》りなさいました。その時、倭《やまと》の国《くに》の造《みやつこ》③は、倭姫《やまとひめ》の命《みこと》さまに、采女《うねめ》として香刀比売《かとひめ》を、さらに稲田《いなだ》を進上いたしました。

《さらに詳しく知りたい方のために》

①崇神天皇さまがご即位なさって六十年目

崇神天皇六十年は、紀元前三十八年

②宇多の秋志野の宮

奈良県宇陀市大宇陀迫間に鎮座の阿紀神社付近が有力な比定地。なお、諸本には「秋の宮」に作る。軽の皇子が狩りを遊んだことで知られる安騎野という。また『皇太神宮儀式帳』に「宇太乃阿貴宮」とある。

ある日のことでございます。倭姫《やまとひめ》の命《みこと》さまの御夢《みゆめ》④のなかに天《あま》照《てらす》大御神《おおみかみ》さまがお現れになり、

「わたくしが高天《たかま》の原《はら》にいらっしゃった時⑤、わたくしが見ました国に、わたくしを連れてまいりなさい⑥」

と言い聞かせ、お教えなさいました。

③倭の国の造

この国造は、神武天皇東遷の途次、明石海峡で亀に乗って現れ、天皇を先導し、無事に大和に導いた。その功績により大和建国第一の功労者として天皇から「大和宿祢」の称号を賜った。

④御夢

倭姫命の夢の中に、天照大御神が現れたのである。古代における夢については西郷信綱著『古代人と夢』（平凡選書、昭和四十七年五月）が参考になる。

⑤わたくしが高天の原にいらっしゃった時

ここは天照大御神ご自身のことを述べているので、自分自身を尊敬した表現となっている。

⑥わたくしを連れてまいりなさい

原文は「吾を坐え奉れ（私を置き申し上げよ）」とある。これは天照大御神が倭姫命の夢の中で「私が鎮座するのに最良の場所へお連れ申せ」と仰せられたことを言ったものである。

8 天照《あまてらす》大御神《おおみかみ》さまにお仕えする大物忌《おおものいみ》の心がけ

さて、倭姫《やまとひめ》の命《みこと》さまは、宇多《うた》の秋志野《あきしの》の宮《みや》から東に向われ、神さまの御心《みこころ》を占われて①、次のようにおっしゃいました。

「わたくしのめざしていく所が、天照《あまてらす》大御神《おおみかみ》さまの御心《みこころ》に叶う地でありますならば、どうぞ未婚の童女《おとめ》に出会いますようにお導きください」

このように倭姫《やまとひめ》の命《みこと》さまは、神さまにお祈りなさると、そこからお出ましになられました。

やがて、倭姫《やまとひめ》の命《みこと》さまは、佐佐波多《ささはた》②という土地の入り口で、やってきた童女《おとめ》にお会いになりました。そこで、倭姫《やまとひめ》の命《みこと》さまが、その童女《おとめ》に、

「あなたはどなたですか③」

と、お尋ねになったところ、その童女《おとめ》は、

「わたくしは天《あめ》の見通《みとおし》の命《みこと》の孫で、八佐加支刀部《やさかきとめ》の子どもの宇太《うた》

《さらに詳しく知りたい方のために》

①神さまの御心を占われて
原文は「宇気比《うけひ》て」とあり、これは「誓約《うけい》て」という意。「うけい」とは、古代において行われた卜占の一種である。予めある事柄の吉凶、真偽を決めておき、その結果を神にたずねること。

②佐佐波多
現在の奈良県宇陀市のことか。

③あなたはどなたですか
名前にはその人の霊魂が宿るといわれた。したがって、このような問いに対して、童女が名前を名乗ったのは、童女が倭姫命に服従したことを意味している。

の大祢奈《おおねな》と申します」

と申し上げました。

すると、倭姫《やまとひめ》の命《みこと》さまは天皇さまのお言葉として、その大祢《おおね》奈《な》に、

「わたくしのお供《とも》として仕えますか」

とおっしゃいますと、大祢奈《おおねな》は、

「お仕えさせていただきます」

と申し上げました。

そこで倭姫《やまとひめ》の命《みこと》さまは、その童女《おとめ》を天照大御神《あまてらすおおみかみ》さまの身辺《みぢか》にお仕えする大物忌《おおものいみ》④とお定めになりました。さらに倭姫《やまとひめ》の命《みこと》さまは天照大御神《あまてらすおおみかみ》さまに、

「お持ちになっておられる天《あめ》の磐戸《いわと》の鍵《かぎ》⑤を大物忌《おおものいみ》にお預けいただきとうございます」

天《あめ》の磐戸《いわと》の鍵を大物忌《おおものいみ》にお授けになる倭姫《やまとひめ》の命《みこと》さま

④大物忌
伊勢の神宮にお仕えした未婚の童女のこと。天照大御神に朝夕の大御饌を供進し、正殿の御扉の開閉など、重要な神事を受け持っていた。ほかに物忌という禁忌を守り、神事に仕える童女・童男もいた。それらの物忌みの代表が大物忌である。

⑤天磐戸の鍵
原文は「天磐戸の鑰」とある。ここでは伊勢の皇大神宮のご正殿の鍵。

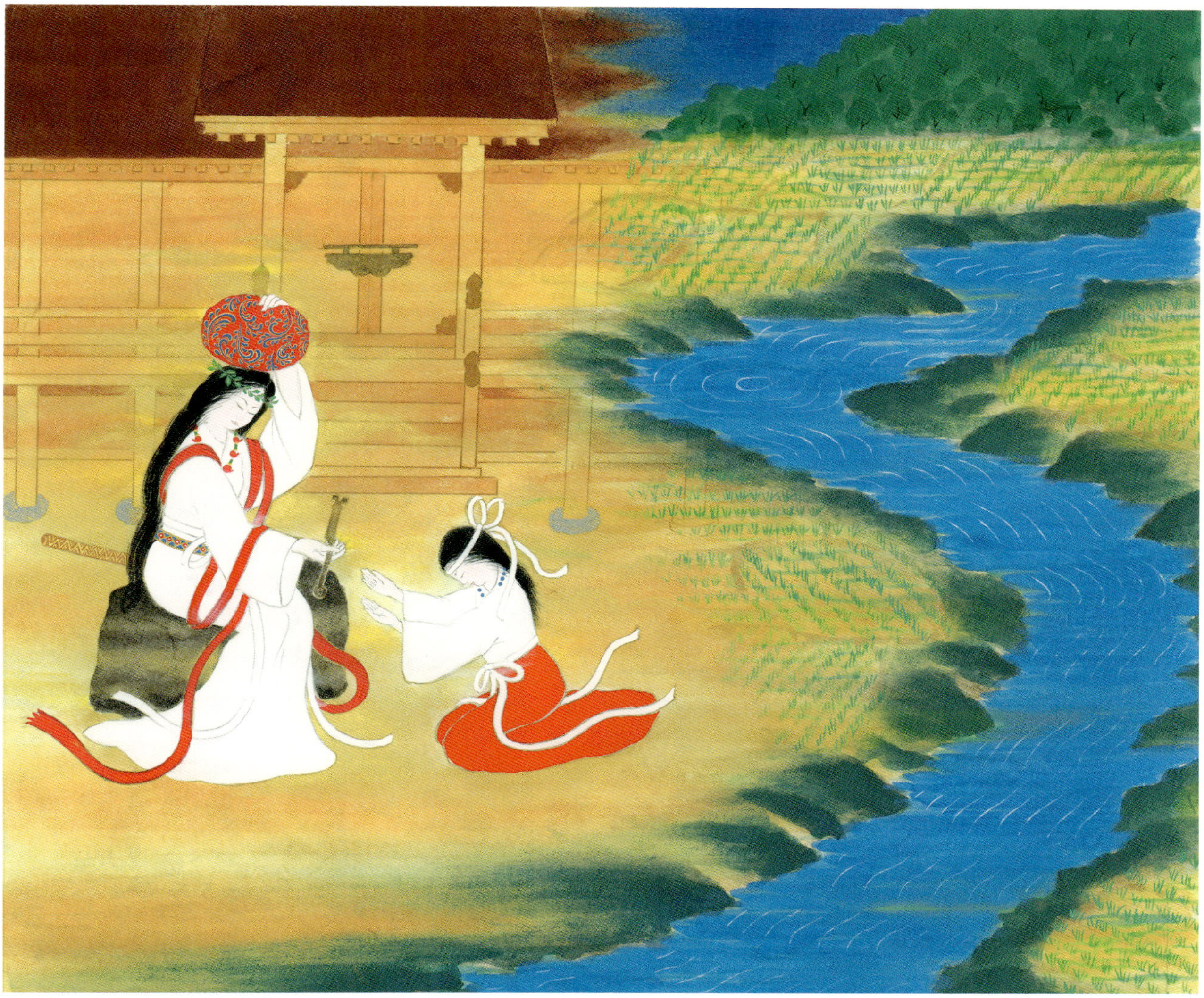

⑥汚い心を無くし・・・・・・・本を本とする

天照大御神にお仕えする大物忌の心がけや態度を述べたところで、はな

とお願いなさいました。

天《あめ》の磐戸《いわと》の鍵《かぎ》をいただいた大物忌《おおものいみ》は、汚《きたな》い心を無くし⑥、清《きよ》い心をもって、身《み》を清《きよ》めて慎《つつし》み、もともと左にある物を右に移すことなく、もともと右にある物を左に移すことなく、左を左とし、右を右として、左に戻り、右に廻ることもしないで、すべてにおいて間違えることなく、天照大御神《あまてらすおおみかみ》さまにお仕え申し上げました。このようにするのは、元《はじめ》を元《はじめ》とし、本《もと》を本《もと》とすることに由来するものでございます。

また、大祢奈《おおねな》の弟である大荒《おおあれ》の命《みこと》も、同じように天照大御神《あまてらすおおみかみ》さまにお仕え申し上げました。

やがて倭姫《やまとひめ》の命《みこと》さまは、宇多《うた》の秋志野《あきしの》の宮《みや》よりお出ましになり、佐々波多《ささはた》の宮《みや》⑦にお遷《うつ》りになりました。

はだ重要である。要するに、神事に奉仕するものは、一定の期間、心身を清浄にし、穢れに触れないように心がけることを述べたもので、この一文は『皇字沙汰文《こうのじさたふみ》』にも見えており、伊勢神道における重要な決まりであった。（補注参照）

⑦佐々波多の宮
奈良県宇陀市榛原山辺に鎮座する篠畑神社付近が比定地とされている。

〔補注〕
伊勢神道では、穢れた汚い心をなくし、清浄な心、清く潔い心で神に仕えることを重視した。つまり内清浄・外清浄、そして正直を重視している。また、もともと左にあるものは右に移さず、もともと左にあるものは右に移すことをしてはならないとも定めている。これはありのままの姿が大切だとの教えであり、不自然な行為を戒めたものである。これを左左右右と表記したのである。さらに初心を大切にしなさいとも説いている。常に初めに戻ること、これを元元本本といったのである。

9 伊賀《いが》の国《くに》の市守《いちもり》の宮《みや》から穴穂《あなほ》の宮《みや》へ

崇神《すじん》天皇さまがご即位なさって六十四年目①の十一月二十八日のことでございます。倭姫《やまとひめ》の命《みこと》さまは伊賀《いが》の国《くに》の隠《なばり》②の市守《いちもり》の宮《みや》③にお遷《うつ》りになり、そこで天照大御神《あまてらすおおみかみ》さまを二年間お祀《まつ》りなさいました。

崇神《すじん》天皇さまがご即位なさって六十六年目④の十二月一日のことでございます。倭姫《やまとひめ》の命《みこと》さまは同じ伊賀《いが》の国《くに》の穴穂《あなほ》の宮《みや》⑤にお遷《うつ》りになり、そこで天照大御神《あまてらすおおみかみ》さまを四年間お祀《まつ》りなさいました。

その時、伊賀《いが》の国《くに》の造《みやつこ》は天照大御神《あまてらすおおみかみ》さまの朝の御饌《みけ》⑥と夕の御饌《みけ》にお供えするためにと、篦山《みふじやま》、葛山《くろかずらやま》⑦の家と稲田《いなだ》を進上いたしました。また鮎《あゆ》⑧をとらえることのできる淵《ふち》、そして梁《やな》⑨を仕掛けてある瀬などを進上いたしました。

《さらに詳しく知りたい方のために》

①崇神天皇さまがご即位なさって六十四年目
崇神天皇六十四年は、紀元前三十四年。

②伊賀国の隠
三重県西部にある名張市。

③市守の宮
三重県名張市平尾藤乃木に鎮座する宇流冨志禰《うるふしね》神社付近が比定地。

④崇神天皇さまがご即位なさって六十六年目
崇神天皇六十六年は、紀元前三十二年。

⑤穴穂の宮
三重県伊賀市上神戸《かんべ》に鎮座する神戸神社付近が比定地。

⑥御饌
神へのお供え物のこと。ここでは食物のことである。

⑦篦山・葛山
篦は箭竹《やたけ》のことで、この竹から矢を作ったのである。また箕藤《みふじ》のことともいう。箕は神に捧げる米と籾殻をふるい分ける器具のこと。箕には竹から造る竹箕と、藤の蔓や皮から造

る藤箕がある。箕職人は箕の他に葛御靫など葛編製品も造っていた。それらの材料が群生する山は重要視されたと共にそれらを造る職人の仕事場が葛山に必要であったと思われる。

⑧**鮎**
原文は「細鱗魚」に作る。また、鮎は「年魚」とも書く。年を占う魚として重要である。

⑨**梁**
川に魚を取るために仕掛ける竹柵。

⑩ 伊賀《いが》の国《くに》の敢都美恵《あえとみえ》の宮《みや》、淡海《おうみ》の国《くに》の甲可《こうが》の日雲《ひくも》の宮《みや》と坂《さか》田《た》の宮《みや》、美濃《みの》の国《くに》の伊久良河《いくらかわ》の宮《みや》、尾張《おわり》の国《くに》の中嶋《なかしま》の宮《みや》のことなど

垂仁《すいにん》天皇さまがご即位なさって二年目①の四月四日のことでございます。倭姫《やまとひめ》の命《みこと》さまは同じ伊賀《いが》の国《くに》の敢都美恵《あえとみえ》の宮《みや》②にお遷《うつ》りになり、そこで天照大御神《あまてらすおおみかみ》さまを二年間お祀《まつ》りなさいました。

その後、四年目③の六月の晦日《みそか》のことでございます。倭姫《やまとひめ》の

《さらに詳しく知りたい方のために》

①**垂仁天皇さまがご即位なさって二年目**
垂仁天皇二年は、紀元前二十八年。

②**伊賀の国の敢都美恵の宮**
三重県伊賀市柘植町の都美恵《つみえ》神社の付近が比定地。
なお、「都美恵」は「あえつみえ」とも訓まれる。

③**(垂仁天皇さまがご即位なさって)四年目**
垂仁天皇四年は、紀元前二十六年。

④**淡海の国の甲可の日雲の宮**
淡海国は現在の滋賀県。甲可は現在の甲賀郡。日雲の宮に比定される神

命《みこと》さまは淡海《おうみ》の国《くに》の甲可《こうが》の日雲《ひくも》の宮《みや》④にお遷《うつ》りになり、そこで天《あま》照　大御神《てらすおおみかみ》さまを四年間お祀《まつ》りなさいました。

その時、淡海《おうみ》の国《くに》の造《みやつこ》は、稲田《いなだ》を進上いたしました。

垂仁《すいにん》天皇さまがご即位なさって八年目⑤の七月七日のことでございます。倭姫《やまとひめ》の命《みこと》さまは同じ淡海《おうみ》の国にある坂田《さかた》の宮《みや》⑥へお遷《うつ》りになり、そこで天照大御神《あまてらすおおみかみ》さまを二年間お祀《まつ》りなさいました。

その時、坂田《さかた》の君《きみ》らは稲田《いなだ》を進上いたしました。

垂仁《すいにん》天皇さまがご即位なさって十年目⑦の八月一日のことでございます。倭姫《やまとひめ》の命《みこと》さまは美濃《みの》の国《くに》の伊久良河《いくらかわ》の宮《みや》⑧にお遷《うつ》りになり、そこで天照大御神《あまてらすおおみかみ》さまを四年間お祀《まつ》りなさいました。

次に倭姫《やまとひめ》の命《みこと》さまは尾張《おわり》の国《くに》の中嶋《なかしま》の宮《みや》⑨にお遷《うつ》りになり、そこで三ヶ月、天照大御神《あまてらすおおみかみ》さまをお祀《まつ》りなさいました。その時、倭姫《やまとひめ》の命《みこと》さまは国をお褒《ほ》め称《たた》えるお言葉⑩を申し上げられました。

そこで美濃《みの》の国《くに》の造《みやつこ》たち⑪は、市主《いちぬし》という舎人《とねり》⑫と稲田《いなだ》を進上

社は数社ある。例えば、滋賀県甲賀市土山町大河原に鎮座の若宮神社、滋賀県土山町鮎河に鎮座の三上六所神社、土山町北土山に鎮座の土山田村神社、信楽町牧に鎮座の日雲神社、信楽町多羅尾に鎮座の高宮神社などであり、また甲賀市土山町の垂水頓宮跡も有力な比定地の一つである。伴信友著『倭姫命世記考』（『伴信友全集』第五、所収）を参照。

⑤垂仁天皇さまがご即位なさって八年目

垂仁天皇八年は、紀元前二十二年。

⑥坂田の宮

滋賀県米原市近江町宇賀野に鎮座の坂田神明宮付近が比定地。

⑦垂仁天皇さまがご即位なさって十年目

垂仁天皇十年は、紀元前二十年。

⑧美濃の国の伊久良河の宮

美濃国は現在の岐阜県の南部。伊久良河の宮は岐阜県瑞穂市居倉に鎮座の天神神社付近が比定地。

⑨尾張の国の中嶋の宮

尾張国は現在の愛知県西部。中嶋の宮は一宮市今伊勢町本神戸に鎮座の酒見神社付近が比定地。

いたしました。さらに御船《みふね》一隻を進上いたしました。

また、同じ美濃《みの》の国《くに》の県主《あがたぬし》⑬は角鏑《つのかぶら》という矢じり⑭を作り、あわせて御船《みふね》二隻も進上いたしました。その時、県主《あがたぬし》は、

「進上する御船《みふね》二隻のうちの一隻は頑丈《がんじょう》で壊れない御船《みふね》であり、もう一隻は水があればどこまでも進んで行くことのできる御船《みふね》でございます」

と申し上げて進上いたしました。

倭姫《やまとひめ》の命《みこと》さまへ御船《みふね》・鏑矢《かぶらや》・天《あめ》の平甍《ひらか》などを献上する美濃《みの》の国《くに》の造《みやつこ》や県主《あがたぬし》たち

⑩国をお褒め称えるお言葉
原文は「国保伎《くにほき》（国寿《くにほ》き）」とある。倭姫命が国見山に登って尾張国を褒めなさったことで、これは国を褒め称える行為をいったものであろう。国褒めの呪言《じゅごん》的な詞章を唱える儀式が行われたと考えられる。現在も、各地に国見山など地名が残っている。

⑪美濃の国の造たち
美濃の地方官たちという意味。「たち」とあるから何人かいたのであろう。

⑫市主という舎人
地方官たちの一人の子弟で市主という者を進上した。

⑬県主
県は行政区画の一つ。ここでは国の下に配置された。その県の長官を県主といい、世襲されており、祭祀者としての役割が強かったともいわれている。

⑭角鏑という矢じり
鏑矢のこと。矢じりの先端が蕪のように丸みを帯び、中が空洞となっているため矢が飛ぶときに音を放つ。

⑮天の平瓮

神聖な平瓮。一般的には、平瓮とは神に神饌を供える時に盛る平たい皿状の土器のことと説明される。なお、補足すれば、国家の一大事に土器そのものを祭器として神に奉る特別神聖な土器のことである。この土器は大和の国魂が籠もる天の香具山の土で造ることに意義があった。伊勢の神宮の土器は多気郡有爾郷で造られているが、それを造る土を採取する山は大和の天の香具山と同じように、天から降ったと伝える地元の山の土を使って造られる。そもそも伊勢の神宮における天の平瓮は、二十年に一度の御遷宮の際に、床下の心御柱の周りに祭器として安置される。天の平瓮は時代の変遷と共に神饌を盛る平瓮と混同されるようになった。

また采女《うねめ》の忍比売《おしひめ》は稲田《いなだ》を進上いたしました。それ以来、忍比売《おしひめ》のご子孫がこれを引き継いで、天《あめ》の平瓮《ひらか》⑮を八十枚造って進上なさいました。

⑪ 伊勢《いせ》の国《くに》の桑名野代《くわなのしろ》の宮《みや》のこと

垂仁《すいにん》天皇さまがご即位なさって十四年目①の九月一日のことでございます。倭姫《やまとひめ》の命《みこと》さまは伊勢《いせ》の国《くに》の桑名野代《くわなのしろ》の宮《みや》②にお遷《うつ》りになり、そこで四年間、天照大御神《あまてらすおおみかみ》さまをお祀《まつ》りなさいました。

そのとき、伊勢《いせ》の国《くに》を治める国《くに》の造《みやつこ》の大若子《おおわかご》の命《みこと》③が倭姫《やまとひめ》の命《みこと》さまをお訪《たず》ね申し上げました。大若子《おおわかご》の命《みこと》は倭姫《やまとひめ》の命《みこと》さまにお供《とも》としてお仕え申し上げることになり、伊勢《いせ》の国《くに》の風習をお話

《さらに詳しく知りたい方のために》

①垂仁天皇さまがご即位なさって十四年目
垂仁天皇十四年は、紀元前十六年。

②伊勢の国の桑名野代の宮
三重県桑名市多度町下野代に鎮座の野志里《のじり》神社付近が比定地。

③大若子の命
伊勢外宮の度会神主の祖という。天日別命の子孫。ここに記すように、別名を大幡主の命といい、倭姫命が天照大御神を伊勢の神宮に鎮め祀ったとき、尽力した。

し申し上げました。なお、大若子《おおわかご》の命《みこと》は別名を大幡主《おおはたぬし》の命《みこと》とも言いました。

また、国《くに》の造《みやつこ》の建日方《たけひかた》の命《みこと》④が倭姫《やまとひめ》の命《みこと》さまをお訪《たず》ね申し上げました。倭姫《やまとひめ》の命《みこと》さまは、建日方《たけひかた》の命《みこと》に、

「あなたの国の名は何と言いますか」

とお尋ねになったところ、建日方《たけひかた》の命《みこと》は、

「神風《かみかぜ》の伊勢《いせ》の国《くに》でございます」

とお答え申し上げ、舎人《とねり》として弟の伊尓方《いにかた》の命《みこと》と神田《かんだ》ならびに神《かん》戸《べ》を進上いたしました。

また、大若子《おおわかご》の命《みこと》は舎人《とねり》として弟の乙若子《おとわかご》の命《みこと》を進上いたしました。

次に、川俣《かわまた》の県《あがた》の造《みやつこ》のご祖先である大比古《おおひこ》の命《みこと》が倭姫《やまとひめ》の命《みこと》さまをお訪《たず》ね申し上げました。倭姫《やまとひめ》の命《みこと》さまは大比古《おおひこ》の命《みこと》に、

「あなたの国の名は何と言いますか」

④**建日方の命**
伴信友の『倭姫命世記考』には、この建日方の命が当時の伊勢国の国造であり、大若子の命は、その後の国造であると述べている。

とお尋ねになったところ、大比古《おおひこ》の命《みこと》は、

「味酒鈴鹿《うまさけすずか》の国《くに》の奈具波志忍山《なぐわしおしやま》でございます」

とお答え申し上げ、神《かみ》の宮《みや》をお造り申し上げ、そこへ天照《あまてらす》大御神《おおみかみ》さまがご巡幸《じゅんこう》されるようになさり、また神田《かんだ》⑤ならびに神戸《かんべ》⑥を進上いたしました。

次に、倭姫《やまとひめ》の命《みこと》さまは、阿野《あの》の県造《あがたみやつこ》のご祖先である真桑枝《まくわえ》太《ふと》の命《みこと》に、

「あなたの国の名は何と言いますか」

とお尋ねになったところ、真桑枝太《まくわえふと》の命《みこと》は、

「草蔭《くさふか》の阿野《あの》の国《くに》でございます」

とお答え申し上げ、神田《かんだ》ならびに神戸《かんべ》を進上いたしました。

次に、倭姫《やまとひめ》の命《みこと》さまは、市師《いちし》の県造《あがたみやつこ》のご祖先である建呰古《たけしこ》の命《みこと》に、

「あなたの国の名は何と言いますか」

とお尋ねになったところ、建呰古《たけしこ》の命《みこと》は、

⑤神田
「みとしろ」「おおみた」「かみた」ともいう。神宮を経営するために所有した田のこと。

⑥神戸
神宮の祭祀を行うために神宮に所属し、その経営を支える民や家。

「宍行《ししい》く阿佐賀《あさか》の国《くに》でございます」
とお答え申し上げ、神戸《かんべ》ならびに神田《かんだ》を進上いたしました。

12 阿佐加《あさか》の藤方片樋《ふじかたかたひ》の宮《みや》のこと

垂仁《すいにん》天皇さまがご即位なさって十八年目①の四月十六日のことでございます。倭姫《やまとひめ》の命《みこと》さまは阿佐加《あさか》の藤方片樋《ふじかたかたひ》の宮《みや》②にお遷《うつ》りになり、そこで天照大御神《あまてらすおおみかみ》さまを四年間お祀《まつ》りなさいました。

その時、阿佐加《あさか》の嶺《みね》におられる勢いの激しい強暴な神さま③が、百人の通行者があれば、そのうちの五十人をつかまえて命《いのち》を奪《うば》い、四十人の通行者があれば、そのうちの二十人の命《いのち》を奪《うば》うという、恐《おそ》ろしい出来事が起こりました。

《さらに詳しく知りたい方のために》

①垂仁天皇さまがご即位なさって十八年目
垂仁天皇十八年は、紀元前十二年。

②阿佐加の藤方片樋の宮
三重県津市藤方森目に鎮座の式内社の加良比乃神社付近が比定地。

③阿佐加の嶺におられる勢いの激しい強暴な神さま
現在、松阪市大阿坂町と小阿坂町に阿射加神社という同名の神社が鎮座している。ともに「延喜式神名帳」伊勢国一志郡に登載の阿射加神社を主張する論社である。由緒も倭姫命が天照大御神の御神霊を奉じて、諸

そのようなことがしきりに起こりますので、倭姫《やまとひめ》の命《みこと》さまは、朝廷へ大若子《おおわかご》の命《みこと》を遣わし、その様子を伝えさせました。すると、天皇さまは、大若子《おおわかご》の命《みこと》に、次のようにおっしゃいました。

「その神さまに、お米をはじめ、さまざまな素晴らしいものをお供えして、荒《あら》ぶる心を和《やわ》らげ鎮《しず》め、阿佐加《あさか》の嶺《みね》が安らかになるように平定しなさい」

その天皇さまのお言葉の伝達者として大若子《おおわかご》の命《みこと》を派遣されました。そして荒《あら》ぶる神さまをお祀《まつ》りするための神社を阿佐加《あさか》の山の嶺《みね》につくり、御心《みこころ》を和《やわ》らげ鎮《しず》めるお祈りの儀式を行いました。

それをお知りになった倭姫《やまとひめ》の命《みこと》さまは、

「嬉《うれ》しい」

と、おっしゃって、そのところを「うれし④」と、お名付けになりました。

そこから、さらにお遷《うつ》りになると、阿佐加《あさか》の浜《はま》に多気《たき》の連《むらじ》⑤たちのご先祖で、宇加《うか》の日子《ひこ》の子どもの吉志比女《よしひめ》と吉彦《よしひこ》⑥の二人が

国を巡幸せられたとき、阿佐加の山の嶺に荒ぶる神がおり、この神のことを垂仁天皇に申し上げ、大若子命が天皇からの贈物を荒ぶる神に捧げ、安らかに鎮めることができた、云々と同じである。ただ、荒ぶる神名を伊豆速布留神と伝えていることが注目される。

④うれし
この「うれし」が地名の起源を伝えるならば、現在、松阪市に「嬉野町」がある。

⑤多気の連
多気郡に居住していた豪族。なお、「多気」のよみは「たき」「たけ」の二種が見られるが、ここでは「たき」と訓んだ。

⑥宇加の日子の子どもの吉志比女と吉彦
宇加の日子は不詳だが、多気地方の首長ともいわれる。また吉志比女・吉彦は古代国家が成立する以前の兄弟姉妹による二重支配体制、すなわちヒメ・ヒコ制を彷彿させる。

⑦天照大御神さまの召し上がり物を供える器
原文には「皇太神《すめおほみかみ》の御贄《おほにへ》の杯《つき》」とある。「皇太神」は天照大御神のこと。

いました。それらの二人に倭姫《やまとひめ》の命《みこと》さまは、

「あなたたちは何をとっているのですか」

とお尋ねになりました。すると、二人は、

「天照大御神《あまてらすおおみかみ》さまの召し上がり物を供える器⑦にお盛りするための赤貝《あかがい》⑧をとっております」

とお答え申し上げました。すると倭姫《やまとひめ》の命《みこと》さまは、

「それは恐《おそ》れ多いことでございます」

と、おっしゃって、その赤貝《あかがい》を天照大御神《あまてらすおおみかみ》さまへのお召し上がり物として献上させました。そして佐佐牟《ささむ》という木⑨の枝を折り、生木《なまき》のまま火をつけてご神意《しんい》をうかがったところ、ご神意《しんい》に叶って火は燃え上がりました。そこで采女《うねめ》の忍比売《おしひめ》が作った天《あめ》の平瓮《ひらか》八十枚を聖なる器⑩として、それに赤貝《あかがい》を盛って天照大御神《あまてらすおおみかみ》さまにお供え申し上げました。

その時、吉志比女《よしひめ》は稲田《いなだ》と麻園《みおその》⑪を進上なさいました。

「御贄」は新嘗の約語で、元来は初物の食物のこと。神に供える海川山野のさまざまなものだが、特に魚貝や鳥類などをさし、神宮では生調《いきみつぎ》として用意されることも多い。ちなみに、御贄に関する神事があった。明治以前までは内宮では「贄海神事」、外宮では「荒蠣神事」が行われ、禰宜などが山向内人などと共に志摩と伊勢との神界の島々に神嘗祭・月次祭に奉る神饌の海藻や貝類などを獲る神事が行われていた。大御饌を供える重要な祭祀には、収獲した生鮮のお供え物は五十鈴川で洗い清められた。御贄の中で特に重要なのはアワビとサザエであり、これらは檜で編んだ籠に入れ、ご正宮の正面の川水で濯いで清められた。「坏」は食物を盛るための器で、皿形でやや深みのあるもの。

⑧赤貝

原文には「伎佐」とある。赤貝のこと。『和名抄』に「蚶キサ」とあり、かたちは蛤のように円く厚く、筋があると説明する。『古事記』に大国主神の治療にあたったキサガイヒメは赤貝、ウムギヒメは蛤を神格化したものといわれる。

⑨佐佐牟という木

『新撰字鏡』に「烏草樹、佐之夫（さしぶ）」とある。また「仁徳記」に大后の歌に「河の辺に生ひ立てる佐斯夫を佐斯夫の木」とあるツツジ科の潅木。

⑩聖なる器

原文は「斎瓮」とある。神へのお供え物を盛る清らかで神聖なる土器。厳瓮（神武紀）・忌瓮（崇神紀）などとも呼ばれる。形状は平たい盆のような形のものから脚の付いた高坏まで色々な形のものがある。

⑪麻園

麻を生産する園。神宮の古式を伝える祭祀の一つに神御衣祭がある。この祭は天照大御神へ供えるための御衣を織らせるため、倭姫命が伊蘇国に麻績機殿神服社を建てたのに始まるという。天照大御神が五十鈴の川上に鎮座すると、和妙の機殿を建て、天棚機姫神に和妙を織らせた。その後も八尋機殿を建て、天棚機姫命の孫の八千々姫命に、毎年、夏の四月と秋の九月に大御神の御衣を織らせ、これらをお供えした。ちなみに神服織機殿神社では神服織が和妙（絹）を織った。祭神は天御桙命（服

天照大御神《あまてらすおおみかみ》さまへのお供え物として阿佐加《あさか》の浜辺で吉志《よし》比女《ひめ》と弟の吉彦《よしひこ》に赤貝《あかがい》をとらせておられる倭姫《やまとひめ》の命《みこと》さま

13 飯野《いいの》の高《たか》の宮《みや》と櫛田《くした》の社《やしろ》と魚見《うおみ》の社《やしろ》

垂仁《すいにん》天皇さまがご即位なさって二十二年目①の十二月二十八日のことでございます。倭姫《やまとひめ》の命《みこと》さまは飯野《いいの》の高《たか》の宮《みや》②にお遷《うつ》りになり、そこで天照大御神《あまてらすおおみかみ》さまを四年間お祀《まつ》りなさいました。

その時、倭姫《やまとひめ》の命《みこと》さまは飯高《いいたか》の県《あがた》の造《みやつこ》③のご先祖の乙加豆知《おとかずち》の命《みこと》に、

部神部の祖神）と天八千々姫（奉織工の祖先）である。一方、神麻続機殿神社では麻続織が荒妙（麻）を織った。祭神は天八坂彦命（麻続氏祖神）である。なお、麻の原料は御麻生園で栽培した。絹は愛知県三河の「赤引の糸」を使用した。

《さらに詳しく知りたい方のために》

①垂仁天皇さまがご即位なさって二十二年目
垂仁天皇二十二年は、紀元前八年

②飯野の高の宮
松阪市山添町に鎮座の神山神社付近が比定地。

③飯高の県の造
飯高は伊勢国の郡名。『続日本紀』天平十四年四月の条に、伊勢国の飯高郡の飯高君笠目が親族の県造に飯高君の姓を賜った記事がある。

「あなたの国の名は何と言うのですか」

とお尋ねになると、乙加豆知《おとかずち》の命《みこと》は、

「意須比《いすひ》の飯高《いいたか》の国《くに》でございます」

とお答え申し上げ、神田《かんだ》④と神戸《かんべ》⑤を進上なさいました。

倭姫《やまとひめ》の命《みこと》さまは、

「飯が高いとは、何と素晴らしいことでしょう」

とお喜びになりました。

次に、倭姫《やまとひめ》の命《みこと》さまは、佐奈《さな》⑥の県《あがた》の造《みやつこ》のご先祖の弥志呂《みしろ》の宿祢《すくね》の命《みこと》に、

「あなたの国の名は何と言うのですか」

とお尋ねになると、弥志呂《みしろ》の宿祢《すくね》の命《みこと》は、

「許母理国《こもりく》の志多備《したび》の国《くに》、真久佐牟毛久佐向《まくさむけくさむ》かう国《くに》でございます」

とお答え申し上げ、倭姫《やまとひめ》の命《みこと》さまに神田《かんだ》と神戸《かんべ》を進上なさいました。

また、倭姫《やまとひめ》の命《みこと》さまは、大若子《おおわかご》の命《みこと》に、

④神田
神社が祭祀や社殿の修理など、諸経費をまかなうために所有する田。

⑤神戸
神社に付属する民のことで、彼らは租税・課役を神社に納めた。神封《じんふ》戸《こ》、神部《かむべ》とも。

⑥佐奈
佐奈は現在の三重県多気郡多気町あたりの古い地名。「神代記」に「手力男神は佐那々県に坐す」とある。佐那々県は佐那の音が変化したものである。

「あなたの国の名は何と言うのですか」

とお尋ねになると、大若子《おおわかご》の命《みこと》は、

「百張蘇我《ももはりそが》の国《くに》、五百枝刺《いおえさ》す竹田《たけた》の国《くに》でございます」

とお答え申し上げました。

その地に倭姫《やまとひめ》の命《みこと》さまが御櫛《みくし》をお落しになったので、その地を櫛田《くした》とお名付けになり、櫛田《くした》の社《やしろ》⑦をお定めになりました。

ここより御船《みふね》に乗られ、さらにご巡幸《じゅんこう》なさると、その川後《かわしり》の江《え》⑧にお着きになりました。その時、おのずから魚が集まってきて、御船《みふね》の中に飛び込んできました。その様子を御覧《ごらん》になった倭姫《やまとひめ》の命《みこと》さまは、お喜びになり、その地に魚見《うおみ》の社《やしろ》⑨をお定めになりました。

⑦**櫛田の社**
松阪市櫛田町に櫛田神社が鎮座する。
⑧**川後の江**
櫛田川の河口のこと。
⑨**魚見の社**
松阪市魚見町に魚見神社が鎮座する。

14 真名胡《まなこ》の神《かみ》の社《やしろ》のご造営と祓《はら》えの儀式

その魚見《うおみ》の社《やしろ》から、倭姫《やまとひめ》の命《みこと》さまは、さらにお進みになられました。すると、尊《とうと》い神さまにお供え物をする土地の神さま①が、倭姫《やまとひめ》の命《みこと》さまのところに参りました。

そこで、倭姫《やまとひめ》の命《みこと》さまが、

「あなたの国の名は何と言いますか」

とお尋ねになったところ、その神さまは、

「白浜真名胡《しらはままなこ》の国《くに》でございます」

とお答え申し上げました。倭姫《やまとひめ》の命《みこと》さまは、その地に真名胡《まなこ》の神《かみ》の社《やしろ》②をご造営なさいました。

また、乙若子《おとわかご》の命《みこと》③は、倭姫《やまとひめ》の命《みこと》さまに罪《つみ》や穢《けが》れを祓《はら》うための麻神《ぬさはらえ》④と蒭霊《くさひとかた》⑤をお差し上げになりました。倭姫《やまとひめ》の命《みこと》さまはそれらをお使いになって祓《はら》えの儀式をなさいました。

その後、倭姫《やまとひめ》の命《みこと》さまのお側につき従う人、またお供《とも》として

《さらに詳しく知りたい方のために》

①土地の神さま

原文は、単に「御饗奉る神」と記す。どのような「神」であるかは不詳だが、尊い神に御馳走を供えてもてなす神であるので、恐らく土地の神（地主神）であると思われる

②真名胡の神の社

真名胡神社は現存しないが、松阪市上七見町に鎮座する奈々見神社に比定する説もある。

③乙若子の命

11話の桑名野代の宮のところに見えた大若子の命の弟である。

④麻神

麻を四角く小さく切って作った幣《ぬさ》の一種。幣は元来、神へ捧げるものであるが、ここでは「幣はらえ」の幣であり、祓具として用いられているように思われる。現在も地鎮祭などで土地の四隅に切麻《きりぬさ》や塩やお米を撒くのは、四至神《みやめぐりのかみ》、あるいは烏神《からすがみ》などのような精霊に幣を手向ける意味もある。しかし、それとともにその土地、家、車等に振りまいて清める意味もあり、ここでは祓のための幣と解しておきたい。

ついて行く人に及ぶまで、弓《ゆみ》や剣《つるぎ》などの武器をその地に留め置いて、御一行は共に飯野《いいの》の高丘《たかおか》⑥にお入りになりました。このようにして、ついに五十鈴《いすず》の宮《みや》⑦に向かうことがおできになったのでございます。

それ以来、天皇さまのお子さま、斎《いつき》の宮《みや》⑧、駅《はゆま》の使《つかい》⑨、国《くに》の司《つかさ》らは、川《かわ》⑩にご到着になると、祓《はら》えの儀式⑪を行い、駅《はゆま》の使《つかい》は鈴を振って音を出すのを止め⑫、このようにすることが儀式となりました。

⑤芻霊
罪穢れを移すための草人形のこと。多くは藁で作ってある。
⑥飯野の高丘
前記した「飯野の宮」と同じ土地、あるいは「飯野の宮」そのものとも考えられる。
⑦五十鈴の宮
皇大神宮すなわち伊勢の神宮の内宮のことだが、ここに突如として「五十鈴の宮」がでてくるのは、時間的に無理なところがある。あるいは事前にそのことを予測して述べたとも解されるところである。
⑧斎の宮
伊勢の神宮に仕える皇女。内親王は斎王と呼ばれる。
⑨駅の使
国家が駅鈴を下付し、駅馬の使用を認めた公用の使者。駅鈴を鳴らしながら馬に乗り出張公務の旅をした。
⑩川
原文は「此れ等の川」とある。おそらく禊祓を行う「祓川」であろうが、一般的には櫛田川と解されている。著者は先取りして五十鈴川と考える。

⑪祓えの儀式
祓えは神道における重要な儀式である。現在の祓えの儀式をみると、祓詞や大祓詞を唱え、大麻を振り、あるいは切麻《きりぬさ》や塩などを撒くことにより、心身についた罪穢災いを取り除いている。祓えの儀式は吉事祓と凶事祓に分類される。吉事祓は神事に先立って罪穢れを祓うことで、その場合、罪穢れを認識しないで祓えを行っている。一方、凶事祓は穢れに触れ、災いを被ったことを認識して、それを取り除くため、自ら願い出て祓えを受けることであるとされる。毎年六月と十二月の大祓式には、紙製の形代《かたしろ》（人形《ひとがた》とも）に名前・年齢・住所などを書き、その形代に罪穢れを負わせ、あるいは解縄などの呪法により、祓えが行われている。

⑫音を出すのを止め
禊祓が静寂の中で行われたことを伝えている。

⑮ 佐々牟江《ささむえ》の宮《みや》と佐々牟江《ささむえ》の社《やしろ》・大与度《おおよど》の社《やしろ》・磯《いそ》の宮《みや》のこと

その地から倭姫《やまとひめ》の命《みこと》さまは、さらに御船《みふね》をお進めになり、佐々牟江《ささむえ》①に御船《みふね》をお泊《と》めになりました。その地に佐々牟江《ささむえ》の宮《みや》②をご造営なさり、そこに天照大御神《あまてらすおおみかみ》さまをお祀《まつ》りなさいました。

《さらに詳しく知りたい方のために》

①佐々牟江
現在の三重県多気郡明和町山大淀であるとされる。

②佐々牟江の宮
佐々牟江の地に造営した宮。

その時、大若子《おおわかご》の命《みこと》さまは、
「白鳥《しらとり》の③真野《まの》の国《くに》」
と、国を褒《ほ》め称《たた》え申し上げました。倭姫《やまとひめ》の命《みこと》さまはその地に佐々牟江《ささむえ》の社《やしろ》④をご造営なさいました。

その地から、さらにお進みになるほどに、風も波もなく、海水が波もたたないで穏やかに満ちてきましたので、そこから御船《みふね》を安らかに進めることができました。

その時、倭姫《やまとひめ》の命《みこと》さまはお喜びになって、その浜に大与度《おおよど》の社《やしろ》⑤をご造営なさいました。

天照大御神《あまてらすおおみかみ》さまは倭姫《やまとひめ》の命《みこと》さまに御教《みおし》えをお告げになりました。

「この神風《かむかぜ》の⑥伊勢《いせ》の国《くに》は、常世《とこよ》の国《くに》⑦から波が次から次へととぎれることなく打《う》ち寄《よ》せてくる国である。大和《やまと》から見れば傍《かたわ》らにある国だが、素晴らしい国である。わたくしはこの国にいようと思う」

③白鳥の
「真野」にかかる枕詞。

④佐々牟江の社
現在の三重県多気郡明和町大字大淀に鎮座する竹佐々夫江神社に比定される。

⑤大与度の社
三重県多気郡明和町大字大淀乙に鎮座する竹大與杼神社に比定される。

⑥神風の
「伊勢」にかかる枕詞。

⑦常世の国
海のかなたにあると信じられてきた常に瑞々しく若々しい不老不死の国。

そういうわけで、倭姫《やまとひめ》の命《みこと》さまは天照大御神《あまてらすおおみかみ》さまの御教《みおし》えの通り、伊勢《いせ》の国《くに》に小さな神社⑧をお建てになり、さらに五十鈴川《いすずがわ》の川上《かわかみ》に斎《いつき》の宮《みや》⑨をご造営なさいました。これを磯《いそ》の宮《みや》⑩と申し上げます。ここは天照大御神《あまてらすおおみかみ》さまが初めて天からお降《くだ》りなさるところでございます。

⑧小さな神社
原文は「其の祠」とある。小規模な神社の意だが、これは伊勢の内宮にあたるものである。

⑨斎の宮
伊勢の神宮に仕えた未婚の内親王ないし女王のお住まいのこと。斎宮。

⑩磯の宮
「これを磯の宮と申し上げます」とあるが、「磯」は「伊勢」の古い地名とする見解もあり、元来は固有名詞ではなく「海に沿った地」という意味の普通名詞といわれる。

〔**補注**〕
「天照大御神さまは　倭姫の命さまに御教えを・・・・ここは天照大御神さまが初めて天からお降りなさるところでございます」は注記の部分であり、後の人に拠る書き込みとする説もある。

「この伊勢《いせ》の国《くに》は常世《とこよ》の国《くに》から波が次々と打ち寄せる素晴らしい国である。わたくしはこの国にいようと思う」との天照大御神《あまてらすおおみかみ》さまの御教《みおし》えをお聞きになる倭姫《やまとひめ》の命《みこと》さま

16 伊蘊《いそ》の宮《みや》と速河《はやかわ》の狭田《さた》の社《やしろ》のこと

垂仁《すいにん》天皇さまがご即位なさって二十五年目①の春三月のことでございます。倭姫《やまとひめ》の命《みこと》さまは天照大御神《あまてらすおおみかみ》さまを飯野《いいの》の高宮《たかみや》から伊蘊《いそ》の宮《みや》に②お遷《うつ》しになってお祀《まつ》りなさいました。その時に、倭《やまと》姫《ひめ》の命《みこと》さまが大若子《おおわかご》の命《みこと》に、

「あなたの国の名は何と言うのですか」

とお尋ねになりました。すると、大若子《おおわかご》の命《みこと》は、

「百船《ももふね》③度会《わたらい》の国《くに》であり、玉掇《たまひろ》う④伊蘊《いそ》の国《くに》でございます」

とお答え申し上げました。

そこで、倭姫《やまとひめ》の命《みこと》さまは天照大御神《あまてらすおおみかみ》さまにお供えする御塩《みしお》を焼く御塩浜《みしおはま》⑤と御塩《みしお》を焼くための薪《まき》を切り出す林をお定めになりました。

倭姫《やまとひめ》の命《みこと》さまはこの伊蘊《いそ》の宮《みや》で天照大御神《あまてらすおおみかみ》さまにお仕えなさいました。また、お水がある場所は御井《みい》の国《くに》⑥とお名付けにな

《さらに詳しく知りたい方のために》

①垂仁天皇さまがご即位なさって二十五年目

垂仁天皇二十五年は、紀元前五年。

②飯野の高宮から伊蘊の宮に

すでに述べたように、倭姫命は、垂仁天皇が即位されて二十二年目に、飯野の高宮に遷り、そこで四年間、天照大御神を祀られた。そこからさらに巡幸され、佐佐牟江の宮を造営したと記してある。したがって、この記述は理解に苦しむところだが、あるいは飯野の高宮から佐佐牟江の宮を経て伊蘊の宮に遷られたということであろうか。あるいは佐佐牟江の宮は一時的なものであったのではとの説もある。なお、伊蘊の宮は伊勢市磯町の磯神社付近が比定地。現在、磯神社が鎮座している。

③百船

「度会」にかかる枕詞。

④玉掇う

「伊蘊」にかかる枕詞。

⑤御塩浜

御塩を焼く浜。

⑥御井の国

恐らくお供えする水が湧き出ている場所のこと。なお、水は生命を維持

りました。その時、倭姫《やまとひめ》の命《みこと》さまは、

「南の山の頂きを御覧《ごらん》になると、良い宮処《みやどころ》⑦があるように見える」

とおっしゃって、宮処《みやどころ》をお求めになるために大若子《おおわかご》の命《みこと》を遣わせになりました。


倭姫《やまとひめ》の命《みこと》さまは皇太神《すめおおみかみ》⑧である天照大御神《あまてらすおおみかみ》さまを頭の上にお載《の》せになって⑨小船《こぶね》にお乗りになりました。


その後、神さまに関するさまざまな宝物⑩、また神聖な楯《たて》や桙《ほこ》⑪などは御船《みふね》のなかに残して置き、倭姫《やまとひめ》の命《みこと》さまは小川《おがわ》からさらにお進みになりました。御船《みふね》が遅れて立ち止まったのを見た駅《はゆま》の使《つかい》らが、

「御船《みふね》が遅れています⑫」

と申し上げたので、その地を「宇久留《うくる》」とお名付けになりました。


そこよりさらにお進みになると、速河彦《はやかわひこ》⑬とお出会いになりました。そこで、倭姫《やまとひめ》の命《みこと》さまが速河彦《はやかわひこ》に、

「あなたの国の名は何と言うのですか」


するために不可欠なもの。

⑦宮処
御殿を造営する場所。

⑧皇太神
天照大御神のこと。明治以前は、天照皇太神を「大神」でなく、「太神」と表記した。

⑨頭の上にお載せになって
原文は「奉戴」とある。大切なものは頭上にうやうやしく慎んでお載せして運んだのである。

⑩神さまに関するさまざまな宝物
原文は「神財」とある。いわゆる「神宝」のこと。

⑪神聖な楯や桙
原文は「忌楯桙」とある。倭姫命は巡幸の際に、このような神宝や神聖な楯や桙を用いて旅の安全を祈ったものと想像される。

⑫遅れています
原文は「宇久留」とある。「うくる」という地名の起源を説明している。

⑬速河彦
須麻留女の神の子といわれるが、詳しいことはわからない。

とお尋ねになると、速河彦《はやかわひこ》は、

「畦広《あぜひろ》の⑭狭田《さた》の国《くに》でございます」

とお答え申し上げ、さらに佐佐上《ささかみ》⑮の稲田《いなだ》を進上いたしました。

倭姫《やまとひめ》の命《みこと》さまは、その地に速河《はやかわ》の狭田《さた》の社《やしろ》⑯をお定めになりました。

⑭**畦広の**
「狭田」にかかる枕詞。

⑮**佐佐上**
田丸城の南を流れる外城田川の南岸の辺りとの説がある。

⑯**速河の狭田の社**
三重県度会郡玉城町佐田に鎮座の狭田国生神社（内宮摂社）に比定される。『延喜式神名帳』に狭田国生神社がある。

17 坂手《さかて》の宮《みや》と御船《みふね》の神《かみ》の社《やしろ》と笠木《かさき》・相鹿瀬《おうかせ》の地名のこと

倭姫《やまとひめ》の命《みこと》さまは狭田《さた》の地からさらにご巡幸《じゅんこう》なさいました。その時、高水《たかみ》の神《かみ》①さまとお出会いなりました。倭姫《やまとひめ》の命《みこと》さまが、その高水《たかみ》の神《かみ》さまに、

《さらに詳しく知りたい方のために》

①**高水の神**
大水上御祖命の御子。「高水」は「たかみ」と訓む。

②**岳高田深**
「坂手」にかかる枕詞。

③**田上**
現在の玉城町下田辺にあたるという。

④**坂手の社**
度会郡玉城町上田辺に鎮座する坂手

「あなたの国の名は何と言いますか」

とお尋ねになったところ、高水《たかみ》の神《かみ》さまは、

「岳高田深《おかたかたふか》②坂手《さかて》の国《くに》でございます」

とお答え申し上げ、倭姫《やまとひめ》の命《みこと》さまに田上《たかみ》③の稲田《いなだ》を進上いたしました。倭姫《やまとひめ》の命《みこと》さまは、その地に坂手《さかて》の社《やしろ》④をお定めになりました。


その地よりさらにご巡幸《じゅんこう》なさると、川は終わり、その川の水が寒《つめ》たかった⑤ので、倭姫《やまとひめ》の命《みこと》さまはその川を寒川《さむかわ》⑥とお名付けになりました。そこで御船《みふね》をお泊《と》めになり、その地に御船《みふね》の神《かみ》の社《やしろ》⑦をお定めになりました。


この地よりさらにご巡幸《じゅんこう》なさった時、倭姫《やまとひめ》の命《みこと》さまは御笠《みかさ》をかぶられた⑧ので、その地を笠木《かさき》⑨とお名付けになりました。そして大川⑩の瀬をお渡りになろうとなさると、鹿《しし》の宍《ししむら》⑪が流れて来るのにお出会いになりました。倭姫《やまとひめ》の命《みこと》さまは、

「これは悪いことです⑫」


国生神社（内宮摂社）に比定。『延喜式神名帳』に坂手国生神社がある。

⑤水が寒たかった
「寒《さむ》し」は水が清く冷たいこと。

⑥寒川
外城田川のこと。恐らく清く冷たい水が流れている川である。各地に鎮座する寒川・寒河神社も、澄んだ冷たい水と関係がある神社と思われる。

⑦御船の神の社
多気郡多気町土羽に鎮座する御船神社（内宮摂社）に比定。『延喜式神名帳』に大神乃御船神社がある。外城田川（寒河）の守護神か。

⑧御笠をかぶられた
原文は「御笠服」とある。「服」は身に着けることで、ここでは御笠をかぶることである。蓑と笠は伊勢神宮の風日祈祭と関係があると思われる。この祭には蓑と笠を供えるが、祝詞の中に「荒風荒水に相わせ給わず」という章句が出てくることから、倭姫命が賜った蓑笠は天照大御神へ奉られるものとも解される。つまり、これから続く道中において、荒れた天候に合わないようにと祈願していると解したい。

とおっしゃって、お渡りにはなりませんでした。その瀬を相鹿瀬《おうかせ》⑬とお名付けになりました。

⑨笠木
原文は「加佐伎（かさき）」とある。「御笠をかぶられたので」とあるから「笠着」とあてたいが、多気郡の「笠木」の地名起源と思われるので「笠木」とあてた。

⑩大川
現在の宮川のこと。大河と書く場合も見られる。

⑪鹿の宍
「鹿」は獣肉のこと。「宍」は獣肉のかたまりのこと。

⑫これは悪いことです
原文は「是れ、悪し」とある。悪いことは穢れていることでもある。

⑬相鹿瀬
現在の多気郡多気町の相鹿瀬のこと。

18 御瀬《みせ》の社《やしろ》・瀧原《たきはら》の宮《みや》・久求《くく》の社《やしろ》・園相《そのう》の社《やしろ》のこと

倭姫《やまとひめ》の命《みこと》さまが相鹿瀬《おうかせ》からさらに川上を目指されてご巡幸《じゅんこう》な

さると、砂の流れるような速い流れの瀬がありました。ちょうどその時、真奈胡《まなこ》の神《かみ》①さまが参上して倭姫《やまとひめ》の命《みこと》さまとお出会いになり、御一行を速い流れの瀬の向こう岸までお渡し申し上げました。

そこで倭姫《やまとひめ》の命《みこと》さまは、その瀬を真奈胡《まなこ》の御瀬《みせ》②とお名付けになり、そこに御瀬《みせ》の社《やしろ》③をお定めになりました。

その地から、さらにご巡幸《じゅんこう》なさると、美しい土地にお着きになりました。倭姫《やまとひめ》の命《みこと》さまは、

「この国の名は何と言いますか」

とお尋ねになったところ、真奈胡《まなこ》の神《かみ》さまは、

「大川の瀧原《たきはら》の国《くに》④でございます」

と申し上げました。その土地を宇大《うた》の大宇祢奈《おおうねな》⑤に荒草《あらくさ》を刈《か》り取らせて瀧原《たきはら》の宮《みや》⑥を造らせたところ、倭姫《やまとひめ》の命《みこと》さまは、

「この地は天照大御神《あまてらすおおみかみ》さまのお望みになっている地ではございません」

《さらに詳しく知りたい方のために》

①真奈胡の神
⑭話真名胡の社のところに、尊い神さまにお供え物をする土地の神さまが、倭姫命に「白浜真名胡の国でございます」と答えたことがみえた。その神が真奈胡の神と同じ神であるかは、今後の研究を俟つことにする。

②真奈胡の御瀬
真奈胡の神が倭姫命の一行、すなわち天照大御神を渡した瀬である。「御瀬」と尊称するのは、そのことを意味している。宮川の南岸、度会郡大宮町三瀬川のこととされる。

③御瀬の社
度会郡大紀町三瀬川に鎮座の多岐原神社（内宮摂社）に比定される。祭神は真奈胡神である。『延喜式神名帳』に多岐原神社がある。

④大川の瀧原の国
大川は大河と書き、現在の宮川のこと。瀧原の国は、現在の度会郡大紀町滝原とされる。

⑤宇大の大宇祢奈
宇大の大宇祢は、⑧話に登場する「宇太の大祢奈」と同一人物か。また「宇大」は「宇太」が正しいか。

とお諭《さと》しになりました。

そこで、倭姫《やまとひめ》の命《みこと》さまは、さらに大川⑦の南の道より御殿《ごてん》を建てる場所をお求めになるため、さらにお進みになると、美しい野原にお着きになりました。しかし、その地に御殿《ごてん》を建てる場所をお求めになることはできませんでした。倭姫《やまとひめ》の命《みこと》さまは侘《わび》しくなられて、その土地を和比野《わびの》⑧とお名付けになりました。

その和比野《わびの》から、さらにご巡幸《じゅんこう》なさると、久求都彦《くくつひこ》⑨が参上して倭姫《やまとひめ》の命《みこと》さまとお出会いになり、そこで倭姫《やまとひめ》の命《みこと》さまが、

「あなたの国の名は何と言いますか」

とお尋ねになったところ、久求都彦《くくつひこ》は、

「久求《くく》の小野《おの》⑩でございます」

とお答え申し上げました。そこで倭姫《やまとひめ》の命《みこと》さまは御殿《ごてん》を建てる場所を久求《くく》の小野《おの》とお名付けになり、その地に久求《くく》の社《やしろ》⑪をお定めになりました。

その時、久求都彦《くくつひこ》が、

⑥瀧原の宮
原文は「宮」とあるだけだが、この宮は度会郡大紀町滝原に鎮座する瀧原宮並びに瀧原竝宮（内宮別宮）に比定される。『延喜式神名帳』に滝原宮がある。

⑦大川
大河と書く。現在の宮川のこと。

⑧和比野
殿を建てるのに適当な土地がなかったのを「侘び」なさったので、その地を「侘野」と名付けたとある。地名の起源を表している。現在の度会郡度会町和井野あたりと伝える。なお、和井野には倭姫命を祀る小さな社と記念碑がある。

⑨久求都彦
名義は久求という土地の立派な男性となる。「久求都彦」は「くぐつびこ」とも訓まれるが、ここでは『皇太神宮儀式帳』に大水上神の御子として「久々久都比古」と見えているので、「くくつひこ」と清音で訓んだ。なお、久求都彦は大水上神の御子の久久都比古であることもわかる。

⑩久求の小野
現在の度会郡度会町上久具・下久具あたりと伝える。

「御殿《ごてん》を建てるのに素晴らしい土地がございます」

と申し上げたので、その場所にお出ましになったところ、園《その》⑫を作る神さまが参上して倭姫《やまとひめ》の命《みこと》さまとお出会いになり、御園《みその》の土地を進上いたしました。倭姫《やまとひめ》の命《みこと》さまはその地をお気に召されて、園相《そのう》の社《やしろ》⑬をお定めになりました。

⑪久求の社
度会郡度会町上久具に鎮座する久具都比売神社（内宮摂社）に比定される。『延喜式神名帳』に久具都比売神がある。

⑫園
天照大御神にお供えする野菜を栽培する畑のことで、尊称して御園という。

⑬園相の社
伊勢市津村町に鎮座の園相神社（内宮摂社）に比定される。『延喜式神名帳』に園相神社がある。

19 目弓野《めでの》・都不良《つぶら》・沢道《さわち》の小野《おの》・忌楯小野《いむたておの》の地名のこと

御園《みその》の地から、さらにご巡幸《じゅんこう》なさると美しい小さな野原①がありました。倭姫《やまとひめ》の命《みこと》さまはその土地をたいそうお気に召されて目弓野《めでの》②とお名付けになりました。また、その野の中に丸い小山《こやま》がありましたので、その小山《こやま》を都不良《つぶら》③とお名付けになりました。

その都不良《つぶら》から倭姫《やまとひめ》の命《みこと》さまがさらにご巡幸《じゅんこう》なさると、沢へと道が続く小さな野原がありましたので、その地を沢道《さわち》の小野《おの》④とお名付けになりました。その時、大若子《おおわかご》の命《みこと》が川から御船《みふね》を引っ張って、倭姫《やまとひめ》の命《みこと》さまをお迎えに見えたので、倭姫《やまとひめ》の命《みこと》さまはたいそうお喜びになり、

「御殿《ごてん》を建てる良い場所がありますか」

とお尋ねになると、大若子《おおわかご》の命《みこと》は、

「佐古久志呂宇遅《さこくしろうじ》の五十鈴《いすず》の川上《かわかみ》⑤に御殿《ごてん》を建てる良い場所があります」

《さらに詳しく知りたい方のために》

①小さな野原
原文は「小野」とある。一説に、小野は小さな山裾の開墾していない傾斜地のことともいう。

②目弓野
「目弓」は「愛で」という意で、倭姫命がたいそう気に入られたとの意。

③都不良
「都不良」は「円ら」で、「丸い」という意味。

④沢道の小野
「沢道《さわち》」という語の意味は良くわからないが、ここでは「沢へと道が続く小さな野原」と説明してみた。伊勢市佐八《そうち》町に、川原神社が鎮座する。鎮座地の「佐八《そうち》」は「沢地」の意であるという。

⑤佐古久志呂宇遅の五十鈴の川上
「佐古久志呂《さこくしろ》」は「五十鈴」にかかる枕詞。「さこくしろ(さくくしろ)」は「裂釧」「拆釧」とも書き、「さく」は鈴の口の裂け目の意、「くしろ」は腕飾りの意、恐らく腕輪に多くの鈴がついていたものと思われる。そのようなことから「五十鈴」という語が生まれた。「五十」は数の多い

と申し上げました。倭姫《やまとひめ》の命《みこと》さまはお喜びになり、さらに、

「この国の名は何と言いますか」

とお尋ねになると、大若子《おおわかご》の命《みこと》は、

「御船向田《みふなむくた》の国《くに》⑥でございます」

と申し上げました。

そのところから御船《みふね》にお乗りになり、さらにご巡幸《じゅんこう》なさいました。倭姫《やまとひめ》の命《みこと》さまは神聖な楯《たて》や桙《ほこ》をはじめ、数々のご神宝《しんぽう》を残して置いたところを、忌楯小野《いむたておの》⑦とお名付けになりました。

ことである。ちなみに、「宇遅」は「宇治」と書き、『和名抄』に「度会郡宇治郷」とある。その宇治郷の五十鈴の川上に皇大神宮（内宮）は鎮座する。

⑥御船向田の国

「御船」は「向田」にかかる枕詞。なお、「向田」は「むかえだ」「たむけ」「むくた」「むけた」などの訓みがある。

⑦忌楯小野

⑯話のところに「神さまに関するさまざまな宝物、また神聖な楯や桙などは御船のなかに残して置き」と記していた一節を受けた表記となっている。つまり神聖な楯や桙などを残して置いた場所を「忌楯小野」と名付けられたのである。地名の起源を説明している。

20 鷲《わし》を捕《つか》まえる老翁《ろうおう》と水饗《みあえ》の神《かみ》さまの社《やしろ》・鷲取《わしとり》の小浜《おはま》・御塩浜《みしおはま》・御塩山《みしおやま》・堅多《かたた》の社《やしろ》のこと

忌楯小野《いむたておの》の地からさらにご巡幸《じゅんこう》なさると、小さな浜がありました。その浜に鷲《わし》を捕《つか》まえる老翁《ろうおう》①がおりました。

その時、倭姫《やまとひめ》の命《みこと》さまが、

「お水《みず》②を飲もうと思います」

とおっしゃり、その老翁《ろうおう》に、

「どこに良いお水《みず》がありますか」

とお尋ねになったところ、その老翁《ろうおう》は冷たいお水《みず》を用いて倭姫《やまとひめ》の命《みこと》さまに御馳走③を差し上げました。

その時、倭姫《やまとひめ》の命《みこと》さまは、その老翁《ろうおう》をお褒《ほ》めになって、河口④に水饗《みあえ》の神《かみ》さまの社《やしろ》⑤をお定めになり、その浜を鷲取《わしとり》の小浜《おはま》⑥とお名付けになりました。

その後、御船《みふね》にお乗りになって二見《ふたみ》の浜《はま》⑦にお出ましになった

《さらに詳しく知りたい方のために》

①鷲を捕まえる老翁

鷲の種類は多いが、ここでは海鷲であり、それを捕獲する老人のこと。

②お水

水は「おもゆ」「みもひ」とも訓まれる。

③御馳走

原文は「御饗（みあえ）」とある。冷たくて美味しい水を「御饗（みあえ）」とも解せるが、ここでは冷たい水を用いて料理した御馳走と説明した。

④河口

原文は「水門（みなと）」とある。これは「みと」ともいい、河口、入江の口こと。

⑤水饗の神さまの社

伊勢市神社港に鎮座の御食神社（外宮摂社）に比定される。『延喜式神名帳』に御食神社がある。

⑥鷲取の小浜

伊勢市大湊町に鷲ヶ浜がある。

⑦二見の浜

二見の浜は、現在の度会郡二見町の二見が浦のあたりとされる。この二見の浜には日神信仰で有名な二見興

時、倭姫《やまとひめ》の命《みこと》さまは大若子《おおわかご》の命《みこと》に、

「この国の名は何と言うのですか」

とお尋ねになったところ、大若子《おおわかご》の命《みこと》は、

「すでに二度も御覧《ごらん》になった二見《ふたみ》の国《くに》⑧でございます」

と申し上げました。

その浜に御船《みふね》をお泊《と》めになった時、佐見都日女《さみつひめ》⑨が参上して、倭姫《やまとひめ》の命《みこと》さまにお会い申し上げました。倭姫《やまとひめ》の命《みこと》さまが、

「あなたの国の名は何と言うのですか」

とお尋ねになりましたが、佐見都日女《さみつひめ》はお耳がご不自由であったので、倭姫《やまとひめ》の命《みこと》さまのお言葉が聞こえません。そのためお答えはできませんでしたが、ただ沢山の堅塩《かたしお》⑩を天照大御神《あまてらすおおみかみ》さまのお供え物として差し上げました。

倭姫《やまとひめ》の命《みこと》さまは佐見都日女《さみつひめ》を可愛《かわい》くお思いになり、堅多《かたた》の社《やしろ》⑪をお定めになりました。その時、乙若子《おとわかご》の命《みこと》は、その浜を御塩浜《みしおはま》ならびに御塩山《みしおやま》⑫とお定めになりました。


玉神社が鎮座する。祭神は猿田彦大神である。

⑧二見の国
原文に「速両（はやふたた）び二見の国」とある。「速両（はやふたた）び」は二見にかかる枕詞で、「すでに二度御覧になった二見の国」という意味で、二見という地名の起源を説明している。

⑨佐見都日女
佐見都日女とは佐見という土地の姫という意になるが、詳細はわからない。耳が不自由であったらしい。また、この後の21話に佐美川日子が登場する。

⑩堅塩
堅塩とは、三角錐の形に焼き固められた塩のこと。塩土翁を祀る御塩殿神社でつくられる。二見の浜では海人族が神祭に使う塩造りを行った。ちなみに、伊勢市二見町荘に御塩殿神社（内宮所管社）が鎮座する。

⑪堅多の社
伊勢市二見町茶屋に鎮座の堅田神社（内宮摂社）に比定される。

⑫御塩浜ならびに御塩山
御塩浜は二見の浜のことであり、御塩山は御塩を焼く木材を伐る山か。

天照大御神《あまてらすおおみかみ》さまへのお供え物として倭姫の命《やまとひめのみこと》さまへ焼《や》き固《かた》めた御塩《みしお》を献上する佐見都日女《さみつひめ》

21 江《え》の社《やしろ》と神前《こうざき》の社《やしろ》など

倭姫の命《やまとひめのみこと》さまが二見《ふたみ》の浜《はま》からさらにご巡幸《じゅんこう》なさると、五十鈴《いすず》川《がわ》が海に流れ込むあたり①にお入りになりました。その時、佐《さ》美川日子《みつひこ》②が参上して倭姫の命《やまとひめのみこと》さまにお会い申し上げました。

倭姫の命《やまとひめのみこと》さまは佐美川日子《さみつひこ》に、

「この川の名は何と言いますか」

とお尋ねになったところ、佐美川日子《さみつひこ》は、

「五十鈴川《いすずがわ》の河口③でございます」

《さらに詳しく知りたい方のために》

①**五十鈴川が海に流れ込むあたり**
原文は「五十鈴河後の江」とある。

②**佐美川日子**
佐美川日子は佐美という土地の立派な男性という意。20話に佐見都日女が登場している。

③**五十鈴の河口**
倭姫命が川の名を問われたのに対し、佐美川日子が「五十鈴の河口」と答えているのは解せない。

と申し上げました。そこで倭姫《やまとひめ》の命《みこと》さまは、その地に江《え》の社《やしろ》④をお定めになりました。

また、倭姫《やまとひめ》の命《みこと》さまがそこからさらにご巡幸《じゅんこう》なさると、荒崎《あらさき》姫《ひめ》⑤が参上して倭姫《やまとひめ》の命《みこと》さまにお会い申し上げました。

倭姫《やまとひめ》の命《みこと》さまが、その荒崎姫《あらさきひめ》に国の名をお尋ねになったところ、荒崎姫《あらさきひめ》は、

「皇太神《すめおおみかみ》さまの御前《みまえ》にある荒崎《あらさき》でございます」

と申し上げました。すると、倭姫《やまとひめ》の命《みこと》さまは、

「皇太神《すめおおみかみ》さまの御前《みまえ》にある荒崎《あらさき》とは、恐《おそ》れ多いことです」

とおっしゃって、その地に神前《こうざき》の社《やしろ》⑥をお定めになりました。

ここから倭姫《やまとひめ》の命《みこと》さまはさらに河口の奥へとご巡幸《じゅんこう》なさいました。その時、その御船《みふね》が泊《と》まった地を御津浦《みつうら》⑦とお名付けになりました。

そのほとりから倭姫《やまとひめ》の命《みこと》さまがさらにご巡幸《じゅんこう》なさると、小さな嶋があり、その嶋から山の頂きや川の周辺を見渡されると、大

④江の社
伊勢市二見町江に鎮座の江神社（内宮摂社）に比定。『延喜式神名帳』に江神社がある。

⑤荒崎姫
国生神の御子の荒崎比売のことという。

⑥神前の社
伊勢市二見町松下に鎮座の神前神社（内宮摂社）に比定。『延喜式神名帳』に神前神社がある。なお、社名を「荒崎」としないで「神前」としたのは、倭姫命が「皇太神さまの御前にある荒崎とは、恐れ多いことです」と言ったことと関係がある。つまり天照大御神の御前に「荒崎」では恐れ多いので「神前」としたのである。

⑦御津浦
御津浦という地名の起源を説明している。その意味は「御船が泊まった地」としている。

きな家屋の門⑧の前にあるような土地があったので、そのところまでお登りになり、倭姫《やまとひめ》の命《みこと》さまはその地を大屋門《おおやと》とお名付けになりました。

⑧大きな家屋の門
原文は「大屋門」とある。

22 宇遅都日女《うじつひめ》・鹿乃見《かのみ》・止鹿乃淵《とがのふち》・矢田《やた》の宮《みや》・田上《たかみ》の宮《みや》のこと

大屋門《おおやと》の地から倭姫《やまとひめ》の命《みこと》さまはさらにご巡幸《じゅんこう》なさり、神淵《かむふち》河原《かわら》①まで歩いていかれると、苗草《なえくさ》②を頭に戴《の》せた老女とお出会いなさいました。倭姫《やまとひめ》の命《みこと》さまは、その老女に、

「あなたは何をしているのですか」

とお尋ねになったところ、老女は、

「私は苗草《なえくさ》を刈《か》り取る女で、名前は宇遅都日女《うじつひめ》③でございます」

《さらに詳しく知りたい方のために》

①**神淵河原**
一説に、鹿海あたりの五十鈴川の川原という。

②**苗草**
苗代に稲種を蒔く時に、肥料として下に敷く草のことをいう。

③**宇遅都日女**
国生神の御子の宇治比女命といわれる。それが妥当であれば、21話に登場する荒崎姫と姉妹である。なお『延喜式神名帳』に、狭田国生神社・坂手国生神社・大間国生神社・川原坐国生神社などある。

と申し上げました。

また、倭姫《やまとひめ》の命《みこと》さまが、

「どうして苗草《なえくさ》を頭に戴《の》せているのですか」

とお尋ねすると、老女は、

「この国は鹿乃見哉毛為《かのみやもい》④でございます」

と申し上げました。

そこで倭姫《やまとひめ》の命《みこと》さまは、その地を鹿乃見《かのみ》⑤とお名付けになりました。また、老女が、

「どうして、このようなことをお尋ねになったのですか」

とお咎《とが》めになったので、倭姫《やまとひめ》の命《みこと》さまは、その地を止鹿乃淵《とがのふち》⑥とお名付けになりました。

その止鹿乃淵《とがのふち》から、さらに倭姫《やまとひめ》の命《みこと》さまは矢田《やた》の宮《みや》⑦へとご巡《じゅん》幸《こう》なさいました。つぎに家田《いえた》の田上《たかみ》の宮《みや》⑧にお遷《うつ》りになり、その宮にいらっしゃる時、度会《わたらい》の大幡主《おおはたぬし》の命《みこと》⑨は、天照大御神《あまてらすおおみかみ》さまにお供えするご朝食とご夕食⑩の御田《みた》をお定め申し上げました。

④鹿乃見哉毛為
意味不明な難語である。次に見える「鹿乃見」とも関係があるとも思われる。伊勢市鹿海村に加努祢神社が鎮座することも留意される。

⑤鹿乃見
伊勢市鹿海村に比定される。鹿乃見という地名の起源を説明している。

⑥止鹿乃淵
伊勢市鹿海村の南に所在するという。「咎めた」ので止鹿乃淵と名付けたとあり、地名の起源を説明している。

⑦矢田の宮
一説に、楠部村御田の森の東南にある俗称「渋柿の森」が矢田の宮の旧跡というが、詳細はわからない。

⑧家田の田上の宮
伊勢市楠部町の神宮神田付近に比定される。

⑨度会の大幡主の命
大若子命のこと。一名、大幡主命とも。

⑩ご朝食とご夕食
原文は「朝御気・夕御気」とある。「御食」「御饌」などとも書く。食べ物の尊称である。

この御田《みた》⑪は宇治《うじ》の田の上手《かみて》の方にあります。いま抜《ぬ》き穂田《ほた》⑫と名付けられているのは、この由来によるものです。

⑪**御田**
天照大御神に供えるためのお米を作る田のこと。田を尊称して御田といった。なお、倭姫命が定められた神宮の神田は伊勢市楠部町にある。神宮のお祭りにお供えされる、うるち米と、もち米が五十鈴川の水によってこの御田で育てられ、その年に収穫された新米は神嘗祭で天照大御神に供えられる。ちなみに神宮の御園では野菜果物が栽培されている。

⑫**抜き穂田**
天照大御神に供える稲穂を抜き取る神事を執り行う田のこと。

㉓ 奈尾之根《なおしね》の宮《みや》・宇治《うじ》の土公《つちきみ》のご先祖・五十鈴《いすず》の川上《かわかみ》の聖地・天照大御神《あまてらすおおみかみ》さまが投げ降《お》ろされたご神宝《しんぽう》のことなど

倭姫《やまとひめ》の命《みこと》さまは、家田《いえた》の田上《たかみ》の宮《みや》からさらにご巡幸《じゅんこう》なさり、奈尾之根《なおしね》の宮《みや》①にいらっしゃった時、出雲《いずも》の神《かみ》さまの御子《みこ》である吉雲建子《よしくもたけこ》の命《みこと》②――この方は伊勢都彦《いせつひこ》の神《かみ》・櫛玉《くしたま》の命《みこと》という二つの別名《べつめい》がありました――と吉雲建子《よしくもたけこ》の命《みこと》の御子《みこ》である大歳《おおとし》の神《かみ》・桜大刀自《さくらおおとじ》の命《みこと》③と山の神である大山祇《おおやまつみ》の命《みこと》、そして朝熊《あさま》の水の神さまたちが揃って、五十鈴《いすず》の河口④で倭姫《やまとひめ》の命《みこと》さまに御馳走⑤を差し上げました。

その時に、猿田彦《さるたひこ》の神《かみ》⑥さまのご子孫で、宇治《うじ》の土公《つちきみ》⑦のご先祖である大田《おおた》の命《みこと》⑧が参上して倭姫《やまとひめ》の命《みこと》さまにお会い申し上げました。倭姫《やまとひめ》の命《みこと》さまは、その大田《おおた》の命《みこと》に、

「あなたの国の名は何と言うのですか」

とお尋ねになると、大田《おおた》の命《みこと》は、

《さらに詳しく知りたい方のために》

①奈尾之根の宮
伊勢市宇治今在家町に鎮座の津長神社（内宮摂社）の辺りが比定地。『延喜式神名帳』に津長大水神社がある。

②出雲の神さまの御子である吉雲建子の命
吉雲建子命は、別名を伊勢都差（彦）神・櫛玉命という。以下の系譜は未詳である。

③桜大刀の命
「大刀」は「大刀自」であり、大人の女性に対する尊称。

④五十鈴の河口
原文は「五十鈴川後の江」とある。

⑤御馳走
原文は「御饗」とある。

⑥猿田彦の神
天孫降臨に際し、天上界と地上界の分岐点まで出かけて、天照大御神の御孫の邇邇芸命を迎えた国つ神。天孫を日向の高千穂の槵触峰に先導したが、最終的には五十鈴の川上に到着した。なお、猿田彦神の子孫で伊勢神宮に奉仕した宇治土公氏により創建された猿田彦神社に祀られた。

「佐古久志呂宇遅《さこくしろうじ》の国《くに》⑨でございます」

と申し上げ、天照大御神《あまてらすおおみかみ》さまにお供えする稲を作るための田⑩を進上なさいました。

さらに倭姫《やまとひめ》の命《みこと》さまが大田《おおた》の命《みこと》に、

「御殿《ごてん》を建てるのに良い場所はありますか」

とお尋ねになったところ、大田《おおた》の命《みこと》は、

「佐古久志呂宇遅《さこくしろうじ》の五十鈴《いすず》の川上《かわかみ》は、大日本《おおやまと》の国《くに》の中でも、格別に神秘的な霊地でございます。その聖地に、私の三十八万年⑪の一生涯を通しても、まだ見たこともない不思議なものがございます。その不思議なものが照り輝くありさまは、まるで太陽や月のようでございます。それは普通のものではございませんでしょう。いつかきっとこの国のご主人である偉大な大御神《おおみかみ》さまがお現れになり、お鎮《しず》まりになるだろう聖地でございましょう。その時に、その聖地を大御神《おおみかみ》さまに献上しようと思って、私はその聖地に敬意を込めてお祀《まつ》り申し上げております」

⑦宇治の土公
皇大神宮（内宮）の旧祠官家で、造営に協力した功績により玉串を管掌する大内人に任命された。禰宜に次ぐ重職である。また、累代にわたり猿田彦神社の宮司家を踏襲してきた。

⑧大田の命
宇治土公宮司家の祖先。また、大田命は別称、興玉神とも称し、五十鈴川上の地主神とされている。

⑨佐古久志呂宇遅の国
既述したように、「佐古久志呂」は「五十鈴」にかかる枕詞。

⑩稲を作るための田
原文は「御止代」とある。神に供える稲を耕作し収穫する田んぼのこと。神饌田や神田と同意。

⑪三十八万年
この数字の意味するところは不詳だが、恐らく長い年月との意であろう。

とお答え申し上げました。

そこで、倭姫《やまとひめ》の命《みこと》さまが直ちに、その聖地に行かれて御覧《ごらん》になると、その不思議なものとは、その昔、天照大御神《あまてらすおおみかみ》さまがお誓いをお立てになって、豊葦原《とよあしはら》の瑞穂《みずほ》の国《くに》⑫の中で、伊勢《いせ》の加佐波《かさは》夜《や》の国《くに》は御殿《ごてん》を建てるのに素晴らしい場所だと見定めになり、その時、天上界からお投げ降《お》ろしになった聖なる天《あめ》の逆太刀《さかたち》・逆桙《さかほこ》・金《きん》の鈴《すず》などのご神宝《しんぽう》⑬でありました。

そのことがおわりになった倭姫《やまとひめ》の命《みこと》さまは、心の中でたいそうお喜びになり、その旨を朝廷にご報告なされたのでございます。


猿田彦《さるたひこ》の神《かみ》さまのご子孫の大田《おおた》の命《みこと》さまのご案内で、天照大御神《あまてらすおおみかみ》さまが天上界からお投げ降《お》ろしになった金《きん》の鈴《すず》などのご神宝《しんぽう》を御覧《ごらん》になる倭姫《やまとひめ》の命《みこと》さま

⑫豊葦原の瑞穂の国
日本の国の別称。古来、日本では稲作により、米を収穫し、それを主食としてきた。その稲作は天孫降臨の際における天照大神の三大神勅の一つである斎庭の稲穂の神勅に由縁する。それは「吾が高天原に御しめす斎庭の穂を以て、亦吾が児に御せまつるべし」というものである。天照大神は葦が豊かに生い茂る地は、間違いなく稲も瑞々しく稔ると思われ、高天原の神聖な田でとれた稲穂を天孫に渡され、豊葦原で稲を作って欲しいと願われたのである。

⑬ご神宝
この神宝は「天の逆太刀・逆桙・金鈴」のこと。『倭姫命世記』の伊勢の神々を紹介したところに、これら天の逆太刀・逆桙・金鈴は内宮の酒殿に納めてあると記す。逆太刀は不詳だが、『古事記』には建御雷神が出雲の伊那佐浜で十掬剣を抜き逆さまに刺し立てたと記す。前田家本『釈日本紀』に引く「播磨国風土記」逸文には、新羅を平定しに行く際のこととして、息長帯日女命が赤土を天の逆桙に塗って船尾と船首に建てたとある。いずれにせよ、呪術的な

ものであろう。一説に、神籬の一種とも。なお、『伊賀国風土記』には、日神が天上より三種の宝器を投げ降ろし、金鈴がその中の一つだと知った猿田彦大神の女の吾娥津媛命が伊勢加佐波夜之国で祀ったとの話が記載されている。

24 天照大御神《あまてらすおおみかみ》さまは度会《わたらい》の五十鈴《いすず》の川上《かわかみ》に御鎮座《ごちんざ》

垂仁《すいにん》天皇さまがご即位なさって二十六年目①の十月のことでございます。倭姫《やまとひめ》の命《みこと》さまは天照大御神《あまてらすおおみかみ》さまを度会《わたらい》の五十鈴《いすず》の川上《かわかみ》にお遷《うつ》し申し上げ、この年、倭姫《やまとひめ》の命《みこと》さまは大幡主《おおはたぬし》の命《みこと》②、物部《もののべ》の八十友《やそとも》③、そのほか大勢の人たちに、

「五十鈴《いすず》の原《はら》の荒々《あらあら》しい草《くさ》や木《き》の根《ね》を刈《か》りはらい、大きい石や小さい石などによる凸凹《でこぼこ》の地盤《じばん》を平らに固め、遠くの山、近くの山の大きい山あい、小さい山あいに立っている木々を斎部氏《いんべし》が清《きよ》めた聖なる斧《おの》④で伐《き》り採《と》り、その木の根本《ねもと》と先端の部分は山《やま》の神《かみ》⑤に奉《たてまつ》り、中間《ちゅうかん》の部分《ぶぶん》を持《も》ち出《だ》して、清《きよ》めた聖なる鋤《すき》⑥を使って地面を掘り、聖なる御柱《みはしら》⑦を立て、高天《たかま》の原《はら》にとどくばかりの高い千木《ちぎ》を立て、大地の下の大きな岩の上に御殿《ごてん》の太い柱をしっかりと立て⑧、天照大御神《あまてらすおおみかみ》さまの荒魂《あらみたま》と和魂《にぎみたま》⑨をお鎮《しず》め申し上げる宮《みや》をお造《つく》り申し上げるように」

《さらに詳しく知りたい方のために》

①垂仁天皇さまがご即位なさって二十六年目

垂仁天皇二十六年は紀元前四年。『日本書紀』垂仁天皇二十五年三月十日の条に、天照大神に対する祭祀を崇神天皇の皇女豊耜入姫命から垂仁天皇の皇女倭姫命へと交代したと記すが、『倭姫命世記』は崇神天皇五十八年とある。

②大幡主の命

すでに記したように、大幡主命は大若子命の別名である。

③物部の八十友

物部氏は饒速日命を祖神とし、軍事と祭祀などで朝廷に奉仕した氏族。奈良県天理市の石上神宮を氏神とする。ちなみに、『日本書紀』垂仁天皇三十九年十月の条に、倭姫命の兄である五十瓊敷命は菟砥川上宮で剣一千口を作り、石上神宮に納め、以後、石上神宮の神宝を管掌したとある。その後、妹の大中姫にその任務を委譲されたが辞退された。大中姫は物部十千根大連に神宝を授け管理させた。それ以来、物部連が石上神宮の神宝を管理することになった。

とおっしゃいました。

そこで、美船《みふね》の神《かみ》さまと朝熊《あさま》の水《みず》の神《かみ》さまたちは、天照《あまてらす》大御神《おおみかみ》さまを御船《みふね》にお乗せ申し上げ、五十鈴川《いすずがわ》の川上《かわかみ》にお遷《うつ》し申し上げました。

その時、倭姫《やまとひめ》の命《みこと》さまは、お召しになっている御裳《みも》⑩の裾《すそ》が長く、これまで各地を巡《めぐ》りお歩きになってよごれましたので、五十鈴川《いすずがわ》の際《きわ》で、その長い裾《すそ》をお洗《あら》いお清《きよ》めになりました。それ以来、この川《かわ》の際《きわ》を「御裳裾川《みもすそがわ》⑪」と呼ぶようになりました。

④斎部氏が清めた聖なる斧
斎部は天太玉命の子孫で、朝廷祭祀の際に幣帛の調進や宮殿の建築儀礼を司った氏族。聖なる斧は、原文は「斎斧」とある。清められた神聖な斧のこと。

⑤山の神
原文は「山祇」とある。

⑥清めた聖なる鋤
原文は「斎鉏」とある。清められた神聖な鋤のこと。この辺の文章は『延喜式祝詞』の「大殿祭」の祝詞とほぼ同文である。

⑦聖なる御柱
原文は「斎む柱」とあり、別名を「天の御柱」「心の御柱」ともいうとある。伊勢神宮の御正殿の床下に奉建される神聖な御柱のことである。

⑧高天の原にとどくばかりの高い千木を立て、大地の下の大きな岩の上に御殿の太い柱をしっかりと立て
原文は「高天の原に千木高知りて、下都磐根に大宮柱広敷き立てて」とあり、御殿を褒めたたえる常套句《じょうとうく》としてしばしば用いられた。千木は社殿の屋根の上の両端に突き出たV字形の木で、霊威を現すといわれている。

⑨荒魂と和魂
荒魂とは活発な徳を持つ神霊の働きで、それを祀る宮が荒魂宮。ちなみに、内宮の御正宮の北側に、天照大御神の荒魂を祀る荒祭宮が鎮座する。当宮は内宮第一の別宮である。また、和魂とは穏やかな徳を持つ神霊の働きで、それを祀る宮が和魂宮。天照大御神の和魂を祀るのは伊勢市宇治館町に鎮座する皇大神宮（内宮）の御正宮である。なお、籠神社蔵の内宮所伝本『倭姫命世記』によれば、伊弉諾尊の左目から生まれた日天子大日孁貴が天照大神の荒魂で、右目から生まれた月天子が天照大神の和魂とある。

⑩御裳
腰から下に巻き付けるスカート状の衣服。「御」は尊称をあらわす接頭語。

⑪御裳裾川
皇大神宮（内宮）の神域内を流れる五十鈴川の異称。倭姫命がこの清流で裳を洗い清めたという故事による名称である。

㉕ 天照大御神《あまてらすおおみかみ》さまの夢告《むこく》と伊勢《いせ》の国《くに》の国褒《ほ》めの言葉

采女《うねめ》の忍比売《おしひめ》①は、神聖な平たい土器②を八十枚③お造りになり、また、天富《あめとみ》の命《みこと》④の孫《まご》に命じて、ご神宝《しんぽう》としての鏡《かがみ》・大刀《おおたち》・

《さらに詳しく知りたい方のために》

①采女の忍比売
采女の忍比売については、⑩話の終わりに「采女の忍比売は稲田を進上いたしました。それ以来、忍比売の子孫がこれを引き継いで、天の平瓮を八十枚造って進上なさいました」と見える。

小刀《こたち》・矛《ほこ》と楯《たて》・弓《ゆみ》と矢《や》、そして木綿《ゆう》⑤などを造らせ、神《かみ》に捧げる宝《たから》である立派な幣帛《へいはく》⑥をご準備申し上げました。

その時、倭姫《やまとひめ》の命《みこと》さまの御夢《みゆめ》のなかに天照大御神《あまてらすおおみかみ》⑦さまがお現れになり、次のようにお告げになりました。

「わたくしが高天《たかま》の原《はら》にいらっしゃった⑧昔の時、高天《たかま》の原《はら》の御門《ごもん》を押し開いて、御覧《ごらん》になり、見定めておいた御殿《ごてん》を建てる場所は、まさにこの地⑨であります。わたくしは、この地にお鎮《しず》まりになり、世の中を安定させようと思う」

このように天照大御神《あまてらすおおみかみ》さまは倭姫《やまとひめ》の命《みこと》さまがよくわかるように言い聞かせになりました。

その時、倭姫《やまとひめ》の命《みこと》さまは、お送《おく》り役《やく》をする駅《はゆま》の使《つかい》である安部《あべ》の武渟河別《たけぬなかわわけ》の命《みこと》・和珥《わに》の彦国葺《ひこくにふき》の命《みこと》・中臣《なかとみ》の国摩大鹿島《やまとおおかしま》の命《みこと》・物部《もののべ》の十千根《とちね》の命《みこと》・大伴《おおとも》の武日《たけひ》の命《みこと》⑩、そして度会《わたらい》の大幡主《おおはたぬし》の命《みこと》⑪らに天照大御神《あまてらすおおみかみ》さまから御夢《みゆめ》でお告げがあったことをつぶさにお知らせなさいました。

②神聖な平たい土器
原文は「天の平賀」とある。

③八十枚
「天の平瓮八十枚」との表現は⑩話にも見える。八十枚は実数をあらわすものでなく、数の多いことを意味するものと解される。

④天富の命
天富の命は『古語拾遺』に登場する人物で、そこには「天富命、斎部諸氏ヲ率キテ種々神宝、鏡・玉・矛・盾・木綿・麻等ヲ作ラシム」とある。また「天富命、供作ニ諸氏ヲ率キテ大幣ヲ造リ備ヘシム」と見える。

⑤ご神宝としての鏡・大刀・小刀・矛と楯・弓と矢、そして木綿
前出した『古語拾遺』の「天富命、斎部諸氏ヲ率キテ種々神宝、鏡・玉・矛・盾・木綿・麻等ヲ作ラシム」とほぼ一致する。

⑥幣帛
神へ捧げるものの総称。主なものは布帛の類で、具体的には絹織物である。「みてぐら」ともいい、宇豆乃幣帛・大幣帛・伊都幣帛・安幣帛・足幣帛・豊幣帛などと用いられ、これらは幣帛の美称。ここでは大幣帛とある。

そこで、大幡主《おおはたぬし》の命《みこと》は喜んで、

「神風《かむかぜ》の伊勢《いせ》の国《くに》、百船度会《ももふねわたらい》の県《さと》、佐古久志呂宇治《さこくしろうじ》の五十鈴川《いすずがわ》の川上《かわかみ》にお鎮《しず》まりになり、その地に御殿《ごてん》をお定めになります皇《すめ》太神《おおみかみ》⑫さま」

と、その国をお祝い申し上げました。

それから、一晩中、盛大《せいだい》な宴会《えんかい》⑬を催され、そこでの舞や歌のありさまは、あたかも天上界にある日《ひ》の若宮《わかみや》⑭における儀式のようでございました。

ここにおいて、倭姫《やまとひめ》の命《みこと》さまは、

「朝日が向かってくる国、夕日が向かってくる国⑮、波の音が聞

伊勢《いせ》の国度会《くにわたらい》の宇治《うじ》の五十鈴川《いすずがわ》の川上《かわかみ》にお鎮《しず》まりになる天照大御神《あまてらすおおみかみ》さまを、高天《たかま》の原《はら》の日《ひ》の若宮《わかみや》と同じようにお祀《まつ》りし、一晩中《ひとばんじゅう》、舞《ま》ったり歌《うた》ったりした

⑦天照大御神
原文は「皇太神」とある。わが国の神々の中の最高の位置にあり、一般的には、伊勢の内宮に祀られる天照大御神のこと。「すめおおみかみ」「すめらおおみかみ」とも。

⑧わたくしが高天の原にいらっしゃった
天照大御神がご自分の動作に対して敬語を用いている。これを自敬表現といい、この後にも「御覧になり」「わたくしは、この地にお鎮まりになり」などと見える。

⑨この地
天照大御神がお鎮まりになりたいと望まれ、教えられた伊勢国の五十鈴川の川上の地のこと。

⑩駅の使である安部の武渟河別の命・和珥の彦国葺の命・中臣の国摩大鹿島の命・物部の十千根の命・大伴の武日の命
「駅の使」とは、お送りをする役との意で、ここでは武渟河別命・彦国葺命・国摩大鹿島命・十千根命・武日命の五人をさす。なお『日本書紀』垂仁天皇二十五年二月の条に、天皇がこれらの五人に対し「朕が世に当たりて、神祇を祭祀《いはひまつ》ること、豈に

怠ること有ること得むや」との詔勅を与えた記事がある。『皇大神宮儀式帳』によれば、この五人は最初から倭姫命の巡幸に随伴したとある。なお、武渟河別命は阿部氏の遠祖で、四道将軍の一人として東海道に派遣された。彦国葺命は和珥氏の遠祖で、大彦命とともに武埴安彦の反乱を鎮定した。国摩大鹿島命は中臣氏の遠祖、十千根命は物部氏の遠祖、武日命は大伴氏の遠祖である。

⑪度会の大幡主の命

これまでたびたび登場した人物。大若子命のこと。

⑫五十鈴川の川上にお鎮まりになり、その地に御殿をお定めになりますす皇太神さま

天照大御神の御教えにより、伊勢国の度会の宇治の五十鈴川の川上に御殿を建立して、その地にお鎮まりになるとの意味で、現在の伊勢市宇治館町に鎮座する皇大神宮の御正宮のこと。なお「皇太神さま」はたびたび説明したように、皇大神宮に祀られる天照大御神のこと。ちなみに、天照大御神は天照大神とも表記される。伊勢神宮では天照皇大神、皇大神とも称し、神前では天照坐皇大神

こえない国、風の音が聞こえない国、弓矢《ゆみや》や鞆《とも》の音が聞こえない国⑯、打摩伎志売留国《うちまきしめるくに》⑰、波が稲穂《いなほ》のように幾重《いくえ》にも打ち寄せる素晴らしい国、この伊勢《いせ》の国《くに》の度会《わたらい》の県《さと》にある佐古久志呂五十鈴《さこくしろいすず》の宮《みや》⑱にお鎮《しず》まりになり、そこを御殿《ごてん》としてお定まりください」

と、国を褒《ほ》め称《たた》えるお言葉を申し上げました。

ととなえている。

⑬盛大な宴会

原文は「宴楽」とある。「豊の明かり」とも書く。宮中における宴会のこと。

⑭天上界にある日の若宮

原文は「日の小宮」とある。『日本書紀』神代上に、伊弉諾尊はなすべきことを終えて天上界に登り、「日の少宮《わかみや》に留《とどま》り宅《す》みましき」と記してある。

⑮朝日が向かってくる国、夕日が向かってくる国

このような表現は『古事記』などにも見え、国を褒めたたえる言葉として用いられることが多い。

⑯波の音が聞こえない国、風の音が聞こえない国、弓矢や鞆の音が聞こえない国

この章句も国褒めのところである。自然災害も少なく、戦争もない国を期待している言葉である。鞆は弓を射る時、左手に巻く革製の道具のこと。ここでは荒波や暴風の自然災害がなく、また弓矢を引く音もしない静寂で穏やかな平和な国であって欲しいと願っているのである。

⑰打摩伎志売留国

これは意味不明の難解語の一つである。

⑱伊勢の国の度会の県にある佐古久志呂五十鈴の宮

前記したように、現在の伊勢市宇治館町に鎮座する皇大神宮の御正宮のこと。

26 天照大御神《あまてらすおおみかみ》さまの御教《みおし》えにより丹波《たには》の国《くに》から伊勢《いせ》の国《くに》へ お遷《うつ》りになる豊受大御神《とようけのおおみかみ》さま

雄略《ゆうりゃく》天皇さまがご即位なさって二十一年目①の十月朔日《ついたち》のことでございます。

倭姫《やまとひめ》の命《みこと》さまの御夢《みゆめ》の中に天照大御神《あまてらすおおみかみ》さまがお現れになり、「天照大御神《あまてらすおおみかみ》さま②であるわたくしが、天上界で日《ひ》の若宮《わかみや》③において豊受大御神《とようけのおおみかみ》さまと共にいらっしゃった時のように、地上界においても豊受大御神《とようけのおおみかみ》さまと共にひと所にいらっしゃらないのでは、④お食事も心安らかに召し上がることができません。

そこで丹波《たには》の国《くに》⑤の与佐《よさ》の小見《おみ》の比沼《ひぬ》の魚井《まない》の原《はら》⑥にいらっしゃる道主《みちぬし》の娘八乙女《やおとめ》⑦がお祀《まつ》り申し上げている食物の神さまである豊受大御神《とようけのおおみかみ》⑧さまを、わたくしがいらっしゃる⑨伊勢《いせ》の国《くに》へ遷《うつ》るようにさせてほしいとお思いになっております」

と教《おし》え諭《さと》されました。そこで、倭姫《やまとひめ》の命《みこと》さまは、さっそく

《さらに詳しく知りたい方のために》

①雄略天皇さまがご即位なさって二十一年目
雄略天皇二十一年は、西暦四七七年。

②天照大御神さま
原文は「皇太神」とある。天照大御神のことである。

③日の若宮
原文は「天之小宮《アメノワカミヤ》」とある。なお、「日の小宮」は㉕話でも説明した通り、天上界にある日《ひ》の少宮《わかみや》のことで、『日本書紀』神代上によれば、伊弉諾尊はなすべきことを終えて天上界に登り、「日の少宮《わかみや》に留《とど》り宅《す》みましき」と記してある。また伊勢神道では天照大御神と豊受大御神とが高天原で共に住む宮のことをいう。

④地上界においても豊受大御神さまと共にひと所にいらっしゃらないのでは、
原文は「天下にて一所に不坐」とある。しかし、これを「一所のみ坐せば」とする諸本もあり、これでは文意が全く逆になってしまう。これは今後の研究を俟つことにする。なお「いらっしゃらないので」という自敬表現が用いられている。

大佐々《おおささ》の命《みこと》⑩を使者として朝廷へ参上させ、この御夢《みゆめ》のようすを天皇さまに申し上げさせました。

天皇さまは、ただちに次のような勅命《ちょくめい》⑪をお出しになりました。

「大佐々《おおささ》の命《みこと》よ、丹波《たには》の国《くに》へ行き、豊受大御神《とようけのおおみかみ》さまの御霊《みたま》を伊勢《いせ》の国《くに》へお遷《うつ》し⑫申し上げなさい」

倭姫《やまとひめ》の命《みこと》さまの御夢《みゆめ》の中で、丹波《たには》の国《くに》の与佐《よさ》の魚井《まない》の原《はら》より豊受《とようけの》大御神《おおみかみ》さまを伊勢《いせ》にお遷《うつ》しするようお諭《さと》しなさる天照大御神《あまてらすおおみかみ》さま

⑤丹波の国

食物神の止由気皇太神（豊受大御神）は、もとは丹後国に鎮座されていた。その丹後国は和銅六年（七一三）まで丹波国に属した。丹波は旦波・但波とも表記し、『諸国名義考』によれば、田庭、すなわち「平らかに広い地」という意味で、それが地名の起源となったとされている。なお、丹後一宮籠神社の伝えでは、神代のこと、丹波国へ天降られた豊受大御神は、籠神社の主祭神・彦火明命の后神である天道日女命に五穀・桑の種を授けられ、それらを植えたところ、立派な稲穂が稔った。それをご覧になった豊受大御神は「あなにえし、おも植えみし田庭《たにわ》」と喜ばれ、「たにわ」と名付けられたという。

このような地名の起源は『丹後国風土記』残欠にも見える。また、祭神の彦火明命の「ほあかり」の名義は「稲穂が赤々と稔るさま」という意であり、当社を古代米発祥の地とも伝えている。

⑥与佐の小見の比沼の魚井の原

「与佐」は現在の京都府与謝郡、また京都府宮津市の旧郡名である。『丹後国風土記』逸文に、天橋立の東の

海を「与謝《よさ》の海」と記している。古くは丹波国に属していた。また「与佐の小見の比沼の魚井原」は京都府宮津市の天橋立北側にある籠神社の奥宮真名井神社付近が有力比定地とされている。なお「比沼」を「比治」に作る本もある。

⑦道主の娘八乙女

道主は丹波の道主命のこと。彦坐王が滋賀県御上神社の祝が祀る天御影神の娘、息長水依比売を娶って生まれた御子が丹波道主。道主が丹波之河上之摩須郎女を娶って生まれた御子が倭姫命の母君である日葉酢媛命（『古事記』但し、表記は『日本書紀』を採用した）。『日本書紀』では垂仁天皇の最初の皇后狭穂姫（倭姫の命系図参照三頁）は実兄の狭穂彦が企てた垂仁天皇の暗殺計画の手助けをしたため、自ら死を選んだ。死に際にあたり、垂仁天皇に次の後宮には丹波国の丹波道主王の娘をと推薦した。これによって丹波道主の娘の日葉酢媛が皇后となった。丹波道主は籠神社丹波国造海部家の血脈祖先であることが国宝『海部氏勘注系図』に伝えられ、日葉酢媛はその娘とされる。八乙女とは、神に仕え、神楽

そこで、この年に、物部《もののべ》の八十友《やそとも》の人たち⑬は、手置帆負《たおきほおい》さまと彦狭知《ひこさち》さま⑭の二柱《ふたはしら》の神さまのご子孫を率いて、神聖な斧《おの》と鋤《すき》⑮とで山の木材を伐《き》り採《と》り、天照大御神《あまてらすおおみかみ》さまの御教《みおし》えのように度会《わたらい》の山田《やまだ》の原《はら》の地に大田《おおた》の命《みこと》のご子孫の宇治《うじ》の土公《つちきみ》⑯が鉄と石の道具を使って聖なる柱⑰をしっかりと立て、高天《たかま》の原《はら》に向かって高い千木《ちぎ》を聳《そび》えさせ⑱、豊受大御神《とようけのおおみかみ》さまの御殿《ごてん》⑲をお造り申し上げました。

などを奉仕する少女。八人と人数が決められたわけではない。

⑧食物の神さまである豊受大御神
原文は「御饌都《みけつ》神止由居《とよけ》太神」とある。

⑨わたくしがいらっしゃる
このあたりの文章は、このような自敬表現をしばしば用いている。

⑩大佐々の命
諸本は「大若子命」に作る。大佐々命は、外宮の『禰宜補任次第』によれば「大若子命ヨリ九継ニアタリテ「大佐佐命、右命彦和志理命第二子也、雄略天皇御宇、二所太神宮大神主」とある。

⑪勅命
原文は「天皇勅《みことの》りして」とある。

⑫お遷し
原文は「布理奉れ」とあり、「布理」は万葉仮名の大文字書き。「布理」は「振る」の一用法と思われる。遷宮する、遷座する、神霊を遷すという意味がある。例を挙げれば、『大鏡』「道長上」に「大和国三笠山にふり奉りて春日明神と名づけ奉りて」とあり、その意味は「大和国の三笠山に（ご神体を）お遷し申し上げて、春日明神とお名付け申し上げて」である。

⑬物部の八十友の人たちは
この部分は諸本に無い。

⑭手置帆負さまと彦狭知さま
祭祀用の笠・盾を作る紀伊国の忌部の遠祖。手置帆負が笠を作り、彦狭知は盾を作る。このことは『日本書紀』神代巻下の第九段一書に記されている。

⑮神聖な斧と鋤
原文は「斎《い》む斧《をの》・斎《い》む鉏《すき》」とある。

⑯大田の命のご子孫の宇治の土公
この記述は諸本に見えない。

⑰聖なる柱
原文は「忌柱」とある。

27 豊受大御神《とようけのおおみかみ》さまを丹波《たには》の国《くに》の与佐《よさ》の郡《こおり》の魚井《まない》の原《はら》から度会《わたらい》の山田《やまだ》の原《はら》にお迎えする

さらに翌年の秋七月七日①のこと、倭姫《やまとひめ》の命《みこと》さまは大佐々《おおささ》の命《みこと》②に、次のようにお命じになりました。

「丹波《たには》の国《くに》の与佐《よさ》の郡《こおり》、魚井《まない》の原《はら》③より豊受大御神《とようけのおおみかみ》さまの御霊《みたま》を伊勢《いせ》にお遷《うつ》しするように」

その時、大佐々《おおささ》の命《みこと》と小和志理《こわしり》の命《みこと》④は、丹波《たには》の国《くに》の魚井《まない》の原《はら》

⑱高天の原に向かって高い千木を聳えさせ
千木が高々と聳え立ち、立派な神殿が建築されたことを褒めたたえた常套句である。

⑲豊受大御神さまの御殿
豊受大神宮（外宮）の建立。

《さらに詳しく知りたい方のために》

①翌年の秋七月七日
雄略天皇が即位されて二十二年目の七月七日のこと。ちなみに雄略天皇二十二年は、西暦四七八年。

②大佐々の命
大佐々命は、外宮の『禰宜補任次第』に「大若子ヨリ九継ニアタリテ大佐佐命、右命彦和志理命第二子也、雄略天皇御宇、二所太神宮大神主」とみえている。

③丹波の国の与佐の郡、魚井の原
現在の所在地は京都府宮津市大垣で、そこに真名井神社が鎮座する。

に豊受大御神《とようけのおおみかみ》さまをお迎えに行き、その御正体《みしょうたい》⑤を頭上にお載《の》せし、また大物忌《おおものいみ》⑥のご先祖の興魂《おきたま》の命《みこと》⑦と道主《みちぬし》の貴《むち》⑧のご子孫は、相《あい》殿《どの》の神さま⑨を頭上にお載《の》せ申し上げました。その時、お供《とも》として従った神さまは、大御食津臣《おおみけつおみ》の命《みこと》さま⑩、屋船《やふね》の命《みこと》さま⑪、宇賀之《うかの》御魂《みたま》の神《かみ》さま⑫、宇須《うす》の女《め》の神《かみ》さま⑬、宇賀《うか》の大土御祖《おおつちみおや》の神《かみ》さま⑭、若雷《わかいかつち》の神《かみ》さま⑮、彦国見賀岐建与束《ひこくにみがきたけよつか》の命《みこと》さま⑯、建御倉《たけみくら》の命《みこと》さま⑰、天《あめ》の日起《ひおき》の命《みこと》さま⑱、振魂《ふるたま》の命《みこと》さま⑲たちでありました。そして一緒にお仕えした神さまは、事代《ことしろ》の命《みこと》さま、佐部支《さぶき》の命《みこと》さま、御倉《みくら》の命《みこと》さま、屋和古《やわこ》の命《みこと》さま、野《の》の子《こ》の命《みこと》さま、乙《おつ》の古《こ》の命《みこと》さま、河上《かわかみ》の命《みこと》さま、建御倉《たけみくら》の命《みこと》さま、興魂《おきたま》の命《みこと》さまであり、それぞれは末社《まっしゃ》の御神体《ごしんたい》の前後左右のお供《とも》をしながら、お遷《うつ》し申し上げました。

「オーオー」

と遷御《せんぎょ》の行列《ぎょうれつ》の先払《さきばら》いの声をかけ、御正体《みしょうたい》は錦蓋《きんがい》で覆《おお》い、聖なる綱を曳《ひ》き、左右から御翳《みさしば》をさしかざしました。また、若雷《わかいかつち》の神《かみ》

当社は古くは吉佐宮《よさのみや》と称し、神宮の外宮の主祭神である豊受大御神が伊勢へ遷られる前から祀られていたところ。真名井は聖なる水が湧き出る井戸のこと。なお、魚井原の表記は真井原、真名井原などがある。

④小和志理の命
『二所太神宮例文』によれば、「爾佐布命二男。反正天皇御世奉仕」とある。神皇産霊尊を祖神とする伊勢外宮の祠官度会村松氏の系図に見える。

⑤御正体
御神体を敬っていう語。御神体・御霊代とも。神霊の宿る物体のこと。

⑥大物忌
伊勢の神宮で朝夕の大御食に奉仕した物忌のうち最も重要な役職の童女神官のこと。その姿は正絹の明衣《きよぎぬ》に木綿《ゆう》で作った襷を懸け、前垂れをして、頭からは「天のおすひ」というベールのようなものを被り神明奉仕していた。

⑦興魂の命
興玉神は皇大神宮の所管社大宮所の地主神。正宮の北側、御垣内西北隅の石畳に石神として西向きにご鎮座される。同じ石畳に宮比神がご鎮

さまは天上界にある幾重《いくえ》もの雲を東西南北にたなびかせて御垣《みかき》となさいました。このようにして豊受大御神《とようけのおおみかみ》さまの御正体《みしょうたい》を丹波《たには》の国《くに》の吉佐《よさ》の宮《みや》⑳から倭《やまと》の国《くに》の宇太《うた》の宮《みや》㉑へお遷《うつ》しになり、そこで御一泊なさいました。次に伊賀《いが》の国《くに》の穴穂《あなほ》の宮《みや》㉒に二泊なさいました。

その時に、伊賀《いが》の国《くに》の造《みやつこ》は、朝夕に神さまへお供えする食べ物を入れる箕《み》を造る竹の原、また藤《ふじ》のつるや葛《くず》のつるなどが生えている所、三百六十町と年魚《あゆ》を取る淵《ふち》、川をせきとめて魚をとるための仕掛けの梁《やな》を一ヶ所、さらに栗《くり》の木《き》が生えている三町の土地を献上いたしました。そして天照大御神《あまてらすおおみかみ》さまと豊受大御神《とようけのおおみかみ》さまへお供えする朝夕の食料にあてるご領地《りょうち》をお定めなさいました。

次に伊勢《いせ》の国《くに》の鈴鹿《すずか》の神戸《かんべ》㉓に一泊なされ、次に山辺《やまのべ》の行宮《あんぐう》㉔に一泊なさいました。次に度会《わたらい》㉕沼木《ぬなき》の平尾《ひらお》㉖に行宮《あんぐう》を建て、そこに三ヶ月ご宿泊なさいました。その処《ところ》を名付けて離《たび》の宮《みや》㉗と申

座。御垣内なので一般には参拝できない。六月と十二月月次祭《つきなみさい》と神嘗祭では、まずこの神に奉仕員一同が、真心こめて大祭に奉仕することを祈念する。伊勢の神々を紹介したなかでは、本殿はなく、道の分岐点に祀る神で、猿田彦大神がこれに当たる。ある書物では太田の命で、土公氏の遠い先祖の神であるという。現在、伊勢市の猿田彦神社や二見興玉神社に祀られる。

⑧道主の貴
道主は丹波の道主命の王《きみ》のこと。また「貴」は神ないし貴人を尊んだ語である。内宮所伝本『倭姫命世記』によれば、道主の貴は開化天皇の子とあり、その苗裔の八小童女《やおとめ》が雄略天皇の御代に、正殿の御鑰をたまわり、御殿を開いておられたとある。また道主の後裔が大物忌《おおものいみ》の父《ちち》として豊受大神宮の御井を浄め、また御井と御炊殿《みかしきどの》の間の道や橋を修理し、浄めてさまざまな人が通行できないようにして謹んで奉仕したと記す。なお、次の28話を参照。

⑨相殿の神さま
相殿神は主神と共に同社殿に祀られる神のこと。複数おられる場合が多

し上げます。夜《よ》な夜《よ》な天界《てんかい》の人《ひと》が天降《あまくだ》り、神楽《かぐら》を奉納《ほうのう》されます。これが今の世にいう豊明《とよのあかり》㉘の起源となりました。

雄略《ゆうりゃく》天皇さまがご即位なさって二十二年目㉙の秋九月の満月の日、倭姫《やまとひめ》の命《みこと》さまは、豊受大御神《とようけのおおみかみ》さまを離《たび》の宮《みや》から伊勢《いせ》の山田《やまだ》の原《はら》へお遷《うつ》しになって、新しい神殿の御船代《みふなしろ》・御樋代《みひしろ》㉚の内にお鎮《しず》めなさいました。その上を天上界にある日《ひ》の若宮《わかみや》の装《よそおい》と同じように天衣《あまきぬ》でお飾り申し上げ、天照大御神《あまてらすおおみかみ》さまのお告げの通り、豊受大御神《とようけのおおみかみ》さまをお鎮《しず》め申し上げました。宮人《みやびと》は集まって夜どおし、酒宴を開いて楽しみました。また猿女《さるめ》のご先祖の天《あめ》

丹波《たには》の国《くに》の与佐《よさ》の魚井《まない》の原《はら》より、伊勢《いせ》の度会《わたらい》の山田《やまだ》の原《はら》へとお遷《うつ》りになる豊受大御神《とようけのおおみかみ》さま

い。単に相殿とも。

⑩大御食津臣の命さま
中臣氏系図にみえる。「天児屋根命—天押雲命—天種子命—宇佐津臣命—大御食津臣命」とある。伊勢国度会郡に記載される式内社の御食神社の祭神。現社名は御食神社と称し、三重県伊勢市神社港字南小路に鎮座。豊受大神宮の摂社。

⑪屋船の命さま
この神は木の霊魂で、家の守護神である。豊受大神宮の摂社の清野井庭《きよのいば》神社に祀る草野姫命は屋船命の分霊とも。なお、鎮座地のあたりは古くは清野という原野で、その井庭（田畑に水を引き入れるためのセキ）の神を祀ったのが、この神社の起りという。式内社。

⑫宇賀之御魂の神さま
この神は豊受大神宮の摂社である小俣神社に祀られている。式内社。外宮の摂社では、この一社だけが宮川の外側、すなわち西岸の三重県度会郡小俣町字元町に鎮座する。

⑬宇須の女の神さま
この神は豊受大神宮の摂社である宇須乃野神社に祀られている。五穀の守護神。伊勢市御薗町高向字南世古

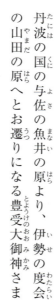

に鎮座。式内社。

⑭宇賀の大土御祖の神さま

度会の山田の原の守護神。二座あると伝え、そのなかの一座は稲女《いなめ》の神といい、素戔嗚尊の子の稲倉魂で、宇賀の女神である。また大土御祖の神は素戔嗚尊の子である大年神の子の大土の神という。ちなみに、大土御祖神社は皇大神宮（内宮）の摂社。伊勢市楠部町字尾崎に鎮座。式内社。

⑮若雷の神さま

北御門大明神のことという。

⑯彦国見賀岐建与束の命さま

度相国見社のことという。度会国御神社とも。伊勢市豊川町豊受大神宮域内に鎮座。式内社。

⑰建御倉の命さま

中臣の祖先という。

⑱天の日起の命さま

伊勢大神主の祖という。

⑲振魂の命さま

玉串大内人の祖先という。

⑳丹波の国の吉佐の宮

吉佐宮は与佐宮、与謝宮、匏宮などと表記。ちなみに『倭姫命世記』の伝本は、伊勢外宮祠官が伝える外宮所伝本と伊勢内宮祠官が伝える内宮所伝本とがある。一般に内宮所伝本

の鈿女《うずめ》の命《みこと》㉛のご子孫は歌舞を奏《そう》し、来目《くめ》の命《みこと》㉜のご子孫である屯倉《みやけ》の耕作民の童《わらわ》らは琴《こと》を弾き、笛《ふえ》や笙《しょう》や篳篥《ひちりき》を吹き、また諸々《もろもろ》の人らは歌ったり舞ったりいたしました　その糸や竹が奏《かな》でるさわやかな音色は国中に響き渡りました。また、天《あま》つ神さま・国《くに》つ神さまたちは、その音色をお聴きになり和《なご》やかな気分になられました。このような真心からのおつとめにより、天の下は栄え、国内は平和に治まったのでございます。

の方が古態といわれ、豊受大御神の御遷宮について多くを記している。また、外宮所伝本は豊受大御神を「丹波国余佐《よさ》郡真井原」から迎えたと記すが、内宮所伝本には豊受大御神を「但波国の与佐宮」から遷したと「宮名」を記してあり、さらに伊勢へ遷宮されるまでの経路まで記してある。「但波」は「丹波」の別表記。

㉑倭の国の宇太の宮
宇太の宮は⑦話に見える宇多の秋志野の宮のことで、奈良県宇陀市大宇陀迫間に鎮座の阿紀神社付近が有力な比定地。

㉒伊賀の国の穴穂の宮
穴穂の宮は⑨話に見える穴穂の宮のことで、三重県伊賀市上神戸に鎮座する神戸《かんべ》神社付近が比定地。

㉓伊勢の国の鈴鹿の神戸
鈴鹿の神戸は不明。鈴鹿市神戸という地名はある。伊勢国鈴鹿郡神戸郷野尻村とも。

㉔山辺の行宮
三重県津市新家町に鎮座する物部神社の付近に比定される。当社は往昔より山辺の行宮式内物部神社と言い伝えている。

㉕度会
原文は「度相」と記す。

㉖沼木の平尾
度会郡沼木郷山田村の平尾。

㉗離の宮
伊勢市宮後一丁目に鎮座の高河原神社に比定される。豊受大神宮の摂社。

㉘豊明
酒を飲んで催す饗宴のことで、豊は美称、明は酒を飲んで顔が赤くなる意。

㉙雄略天皇さまがご即位なさって二十二年目
雄略天皇二十二年は、西暦四七八年。

㉚御船代・御樋代
御霊代（御神体）を納める器が御樋代で、それをさらに納める船形の器が御船代である。

㉛猿女のご先祖の天の鈿女の命
天の石屋戸神話のなかに登場する女神。天石屋に籠もった天照大御神を引き出すために踊った。

㉜来目の命
来目は久米とも表記し、四国と中国地方と東海道の一部に分布した氏族。大来目命（＝天久米命＝天津《あまつ》久米《くめ》命《みこと》）を祖先とする。『古事記』によれば、邇邇芸命の天孫降臨に際し、天津久米命と大伴連の祖である天忍日命とは太刀・弓矢などを持って供奉したと見えている。

〔補注1〕
伊勢の豊受大神宮（外宮）に祀る豊受大御神が伊勢の地に鎮座される以前の所在地を整理して掲げる。

①『止由氣宮儀式帳』延暦二十三年（八〇四）成立
◆「丹波國比治乃眞奈井爾坐」とあり、郡名は省略されている。

②豊受大神宮神主家所伝『倭姫命世記』鎌倉時代成立
◆「丹波國與佐之小見比治《ヌノ》（「治」をイ本は「沼」に作る）之魚井原坐」
※「與佐」の「與」は、「与」の旧字体
◆「丹波國餘佐郡眞井原」

③『伊勢二所皇太神御鎮座伝記』鎌倉時代成立
◆「丹波國與佐之小見比沼之魚井之原坐」

④『天照坐伊勢二所皇太神宮御鎮座次第記』鎌倉時代成立
◆「丹波國與佐之小見比沼之魚井之原坐」

⑤『豊受皇太神御鎮座本紀』鎌倉時代成立
◆「丹波國餘佐郡眞井原」
◆「丹波國與佐之小見比沼之魚井之原坐」

⑥『造伊勢二所太神宮宝基本記』鎌倉時代成立
◆「丹後國與謝郡比沼山頂魚井原」

②〜⑥の資料は豊受大神宮（外宮）の度会神主家所伝の『神道五部書』（『度會神道大成』前篇）である。これらには全て表記は異なるが「與佐」や「與謝郡」と郡名が記されており、豊受大神宮で祀る豊受大御神が伊勢にご鎮座される以前の郡名を「與謝（與佐）郡」と伝えている。

⑦『太神宮諸雑事記』貞観十七年（八七五）成立、皇大神宮（内宮）の禰宜の荒木田徳雄神主家に代々相伝された書物。

◆「丹波國與謝郡眞井原」

以上のことから、豊受大御神が伊勢外宮に鎮座される以前の丹波国における郡名は、外宮度会神主家のみならず、内宮荒木田神主家も「與謝郡（與佐）」と伝えており、内宮外宮両方の神主家相承の古伝であったことが覗える。

なお、補説すると、伊勢の豊受大神宮（外宮）に祀る豊受大御神が丹波国の「丹波郡」や「加佐郡」あるいは「熊野郡」や「竹野郡」から伊勢へ遷されたとする古文献は管見の知る限り見当たらない。

［補注2］

豊受大御神が外宮に鎮座された経路

丹波国の与佐の比沼の魚井原で祀っていた豊受大御神を伊勢山田原に遷した経路は、丹波国の与佐の比沼（治）の魚井原の吉佐宮（与佐宮）→大和国の宇太宮で一泊→伊賀国の穴穂宮で二泊→伊勢国の鈴鹿郡神戸郷野尻村で一泊→伊勢国津市新家町の山辺行宮で一泊→度会郡沼木郷山田村の平尾行宮で三ヶ月→伊勢山田原の新宮となる。

28 神宮の祭祀《さいし》と神殿様式の起源

雄略《ゆうりゃく》天皇さまは倭姫《やまとひめ》の命《みこと》さまに、

「天照大御神《あまてらすおおみかみ》さまの御教《みおし》えに従って、土師氏《はじし》①は物忌職《ものいみしょく》②とし

《さらに詳しく知りたい方のために》

①土師氏

古代において埴輪の製作をし、陵の造営や喪葬儀礼に従事した氏族。

②物忌職

古代の伊勢神宮には祭祀やそれに関連するものを作る物忌と呼ばれる童

て天《あめ》の平瓮《ひらか》③や諸々《もろもろ》の土器類を造って奉《たてまつ》る。また開化天皇《かいか》④さまの御孫《みまご》で丹波《たには》の道主《みちぬし》の貴《むち》⑤の子孫の八小童女《やおとめ》⑥は、ご正殿《しょうでん》の御鑰《みかぎ》⑦をたまわり、ご正殿《しょうでん》の御扉《みとびら》をお開き申し上げる。また氷沼《ひぬ》の道《みち》主《ぬし》⑧の子孫を御炊《みかしき》の物忌《ものいみ》⑨として、竈《かまど》の神さま・火《ひ》の神さま・厳《いつ》の香来雷《かくつち》さま・水戸《みなと》の神さま・厳《いつ》の罔象《みずは》の女《め》さま・薪《まき》の神さま・厳《いつ》の山雷《やまいかづち》さまを率《ひき》いて、神饌《しんせん》を調《ととの》えてお供え申し上げる。また度会《わたらい》の川辺に天忍《あめおし》の海人《あまひと》という漁師⑩がおり、この漁師は年魚《あゆ》を神前にお供え申し上げる」

と勅《みことのり》⑪なさいました。

この時、天照大御神《あまてらすおおみかみ》さまは倭姫《やまとひめ》の命《みこと》さまに、重ねてご託宣《たくせん》なさいました。

「わたくしのお祭りに仕える時には、まず先に豊受大神宮《とようけだいじんぐう》（外宮《げくう》）をお祀《まつ》り申し上げなさい。その後で、わが宮（内宮《ないくう》）のお祭りを勤めるようにしなさい」⑫

このように天照大御神《あまてらすおおみかみ》さまがご託宣《たくせん》なさったので、いろいろ

男・童女の神職が存在した。物忌は飲食・行為を慎み心身を清め、物忌の父と一対で朝夕の大御食《おおみけ》などに奉仕した。平安時代初期、皇大神宮には大物忌・宮守・地祭・酒作・清酒作・瀧祭・御塩焼・土師器作・山向の九人の物忌が、また豊受大神宮には大物忌・御炊・御塩焼・菅裁・根倉の五人の物忌が物忌の父と一対で奉仕した。物忌の長を大物忌と称し、女子に限られた。なお、大物忌と一対に奉仕する男性は大物忌の父と称した。

③天の平瓮
古代に用いられたさかずきに似た聖なる平たい土器。

④開化天皇
第九代の天皇。和風諡号は稚《わか》日本根子彦大日日尊《やまとねこひこおおひびのみこと》。奈良市の春日に率川宮を営んだ。

⑤丹波の道主の貴
前にも登場した丹波の道主は重要であるので、ここに整理しておこう。丹波の道主は開化天皇の皇子の彦坐王《ひこいますのみこ》が息長水依比売《おきながのみずよりひめ》を娶って生まれた皇子である。ちなみに息長水依比売は近江国（滋賀県）野洲郡鎮座の御上神社の祭神である天御

なお祭りは豊受大神宮《とようけだいじんぐう》を先に行うことになったのです。

また、天照大御神《あまてらすおおみかみ》さまは倭姫《やまとひめ》の命《みこと》さまに、次のようにもご託宣《たくせん》なさいました。

「この神宮をご造営するにあたってのきまりは、柱は高く太く、板は広く厚くしなさい。そのようにすることにより天照大御神《あまてらすおおみかみ》さまがいつまでもご繁栄され、国家が広く発展していくことは明らかである。だから、そのためにも、ぜひ神殿は大きくご造営することが望まれるのである」

このような天照大御神《あまてらすおおみかみ》さまの威厳《いげん》あるご託宣《たくせん》をうけられた倭《やまと》姫《ひめ》の命《みこと》さまは、高天《たかま》の原《はら》にある日《ひ》の若宮《わかみや》⑬の神殿をお遷《うつ》しになり、伊勢の内宮《ないくう》・外宮《げくう》の両宮をご造営申し上げたのです。

伊勢《いせ》の神宮《じんぐう》の物忌職《ものいみしょく》をお定めになる倭姫《やまとひめ》の命《みこと》さま

影神の娘である。また丹波の道主が丹波之河上之摩須郎女《たにはのかわかみのますのいらつめ》を娶って生まれた娘が倭姫命の母君である日葉酢媛命《ひばすひめのみこと》である（倭姫の命系図参照三頁）。なお日葉酢媛命という表記は『日本書紀』による。『古事記』は比婆須比賣命・氷羽州比賣命と表記する。垂仁天皇の最初の皇后の狭穂姫は実兄の狭穂彦が企てた垂仁天皇暗殺計画の手助けをしたため、自ら死を選んだ。死に際、垂仁天皇に次の後宮には丹波国の丹波道主王の娘をと推薦した。これによって丹波道主の娘の日葉酢媛命が皇后となった。丹波道主は籠神社丹波国造海部家の血脈祖先であることが国宝『海部氏勘注系図』に伝えられ、日葉酢媛はその娘とされる。換言すれば、丹波の道主は垂仁天皇の皇后である日葉酢媛命の父上にあたることになる。さらに補足すれば、丹波の道主は四道将軍の一人であり、また八乎止女《やおとめ》は潔斎して食物の神の止由居太神（豊受大御神）に奉仕しているとある。さらに内宮所伝本『倭姫命世記』は「道主の子孫が大物忌の父」と伝え、その任務を「豊受大神宮の御井を清掃し

て御井と御炊殿の間の道や橋を毎月修理し、人が通行できないようにする」と記す。

⑥八小童女

八乎止女・屋乎止女などとも表記。八少女の意か。丹波国与佐郡の魚井原で豊受大御神を祀る八乎止女は丹波道主の子孫であり、この女性による祭祀が伊勢神宮の大物忌の祭祀に継承されたものと想像される。なお、28話では大物忌の祖が丹波道主の子孫とも伝える。古代では丹波国造海部家の直系子孫の女性が代々、魚井原（真井原・真名井原）で豊受大御神の祭祀を司ったと伝え、日葉酢媛も八乎止女と称した。

⑦御鑰

御鍵のこと。なお籠神社の少し手前に飯役社がある。社名の飯役は院薬・印鑰・印役・印薬などとも表記する。もとは印鑰《いんやく》であり、丹後国の国印と国倉の鑰を祀ると伝える。この場合の鑰は鍵の意である。

⑧氷沼の道主

原文は「氷《ヒ》沼《ヌ》道主《みちぬし》ノ素盞嗚ノ尊之子、粟皇子《アハミ子》神之後ノ胤《タ子》而垂仁天皇御宇之人也、粟皇子、一名、大己貴《ヲホナムチノ》神、亦ノ名、大国魂ノ神、亦名大国主神ノ苗裔」とある。また『皇太神宮儀式帳』に「粟皇子神社一処、称ニ須佐乃乎命御玉命一、形石坐」とあり、その粟皇子神社（式内社）は皇大神宮の摂社として伊勢市二見町松下に鎮座し、須佐乃乎命御玉道主命を祭神としている。以上の記述からして、釈然とはしないが、氷《ヒ》沼《ヌ》道主《みちぬし》は素盞嗚尊の御子であり、粟皇子《アハミ子》神の苗裔、垂仁天皇の御代の人物であったことがわかる。なお、補足すると、氷《ヒ》沼《ヌ》道主《みちぬし》は丹波道主の八小童女と共に、豊受大御神に御饌・御酒等を供えて奉仕したこと、さらに籠神社に近い浮景の浦に鎮座の吹井社には丹波道主、豊宇賀能売神とともに氷《ヒ》沼《ヌ》道主《みちぬし》が祀られているともいわれている。

⑨御炊の物忌

伊勢の豊受大神宮（外宮）に仕えた古い祀《し》職名の一つ。大御神を始め神々へ食事を供える職業に従事した。なお、外宮には、大物忌、御炊、御塩焼、菅裁、根倉、高宮と称す六物忌がいた。

⑩天忍の海人という漁師

内宮所伝本に天忍海人を「今謂ニ之掃乎守氏一」と註す。『古語拾遺』にも「掃守連《かにもりのむらじ》が遠祖《とおつおや》天忍人《あめのおしと》」とみえている。補説すると、天祖彦《あまつみおやひこ》火尊《ほのみこと》は海神《わたつみ》の女《むすめ》の豊玉姫命《とよたまひめのみこと》と結婚し、彦瀲尊《ひこなぎさのみこと》を御生みになった時、海浜に産屋をたてなさり、掃《かに》守連《もりのむらじ》の遠祖《とおつおや》天忍人命《あめのおしひとのみこと》が、そこにお仕えして、箒を作って蟹を払ったので、蟹守《かにもり》が掃守《かにもり》となったと記してある。ここでは、この漁師が年魚《あゆ》を神前にお供え申し上げたと記している。

⑪勅

天皇の命令、またお言葉の意。「ちょく」あるいは「みことのり」という。

⑫わたくしのお祭りに仕える時には、まず先に豊受大神宮（外宮）をお祀り申し上げなさい。その後で、わが宮（内宮）のお祭りを勤めるようにしなさい

これを一言で言えば「外宮先祭《げくうせんさい》」ということ。『伊勢二所皇太神御鎮座伝記』にも「皇太神重託宣、吾祭仕之時、先須祭止由気太神宮也、然後我宮祭事可勤仕也、故則、諸祭事以止由気宮為先也」とあり、『太神宮諸雑事記』にもほぼ同様のことが記されている。また↖

『大神宮式』にも「先づ度会宮《わたらいのみや》を拝し、次に大神宮、次に諸宮」とある。このような「外宮先祭《げくうせんさい》」は、天照大御神のご神慮によるものであることが明らかである。私見によれば、このような思想は天照大御神が日々御饌を司る豊受大御神に感謝する心から生まれたと考える。天照大御神は神の頂点に位置する神であっても豊受大御神に感謝の心を抱き、その心を形で現している。それは人々にも「神々や祖先。家族や周辺の人に感謝し、その心を形として現しなさい。神も人も一人で生きているのではない」ことを諭されているのであろう。

⑬日の若宮

25話の註⑭、26話の註③を参照。

29 天照《あまてらす》大御神《おおみかみ》さまと豊受大御神《とようけのおおみかみ》さまへお供えする御井《みい》の水

御井《みい》の水には、次のようなお伝えがあります。

天照《あまてらす》大御神《おおみかみ》さまの孫神《まごがみ》の邇邇芸《ににぎ》の命《みこと》さまが天降《あまくだ》りました時、天《あめ》の牟羅雲《むらくも》の命《みこと》さま①は御前《みさき》に立って②お仕え申し上げました。

《さらに詳しく知りたい方のために》

①天の牟羅雲の命さま

天照大御神の孫の邇邇芸命が天降った時、天牟羅雲命が随伴したとあり、以下に葦原中国の水は良質でないことが記されている。『先代旧事本紀』巻第三「天神本紀」に「天村雲命、度會神主等祖、或云、天

その時、邇邇芸《ににぎ》の命《みこと》さまは、天《あめ》の牟羅雲《むらくも》の命《みこと》さまを呼び寄せられて、

「天皇さまがご統治《とうち》なさる国を食国《けくに》という。この食《け》とは五穀のこと、また国とは国土の意である。だから食国《けくに》という。それは国民が五穀を食べて身体と生命を保養する国土ということである。また地上の水は、まだ熟《じゅく》していない荒《あら》い水である。そのことを天上界へ参り、御祖《みおや》の天《あめ》の御中主《みなかぬし》の神《かみ》さま③にお伝え申してきなさい」

とおっしゃいました。

そこで、天《あめ》の牟羅雲《むらくも》の命《みこと》さまは、直ちに天《あめ》の御中主《みなかぬし》の神《かみ》さまの御許《みもと》に参り、この邇邇芸《ににぎ》の命《みこと》さまのお言葉を事細《ことこま》かにお伝え申し上げました。すると、天《あめ》の御中主《みなかぬし》の神《かみ》さま・正哉吾勝《まさやあかつ》の尊《みこと》さま・神魯岐《かむろき》と神魯美《かむろみ》の尊《みこと》さまはご協議④なさって、天《あめ》の牟羅雲《むらくも》の命《みこと》さまに、

「国家を正しく治めるためのさまざまなことを行《おこな》ってきたが、飲み水のことは忘れていた。そのため世の中で餓死《がし》していく人も

牟良雲命」と記すように、天牟羅雲命は豊受大神宮（外宮）の神主度会氏の祖であり、京都・籠神社累代社家海部氏、愛知・熱田神宮大宮司家尾張氏の祖でもある。また『新撰姓氏録』右京神別上・天神の条に「額田部宿禰《ぬかたべのすくね》。明日名門命《あすなどのみこと》の三世の孫、天村雲命《あめのむらくものみこと》の後なり」とある。この『倭姫命世記』には「伊雑宮一座、天牟羅雲命の裔《はつこ》、天日別命《あめのひわけのみこと》ノ子、玉柱屋姫命《たまはしらやひめのみこと》」と注記してあり、『伊勢二所皇太神御鎮座伝記』にも同様に記してある。伊雑宮は皇大神宮の別宮の一つ。また、『先代旧事本紀』巻第五「天孫本紀」に「孫《まご》の天村雲命［亦の名は天五多底《あまのいたて》］。此の命は、阿俾良依姫《あひらよりひめ》を妻《め》となし、二男一女を生む」と記す。ちなみに『先代旧事本紀』巻第三「天神本紀」には天孫降臨の神話が見えるが、内容は記紀と異なり、最初に天照大神の孫の饒速日尊《にぎはやひのみこと》が天降ったとあり、饒速日尊が薨去した後に瓊瓊杵尊が天降ったとある。また、饒速日尊が天降った際、防衛として三十二神が随伴したが、その中の一柱として天牟良雲命がいたとある。

出ている。どの神を天上から地上へ降《お》ろしたらよいかと思っているときに、ちょうど天《あめ》の牟羅雲《むらくも》の命《みこと》さまが参上してきてくれた。天《あめ》の牟羅雲《むらくも》の命《みこと》さまよ、天《あめ》の忍石《おしいわ》の長井《ながい》の聖なる水⑤を琥珀《こはく》の鉢《はち》⑥にたっぷりと入れて、これを持って天上から地上に降《くだ》り、天照大御神《あまてらすおおみかみ》さまのお食事の時にお供えしなさい。また残った聖なる水は『天《あめ》の忍水《おしみず》』⑦という呪文《じゅもん》をとなえ、それを天皇さまのご統治《とうち》される国の水にすすいで、荒《あら》い水を和《やわ》らかくして、朝夕のお食事⑧に用いなさい」

と諭《さと》すように教えられました。そして、すぐさま、日向《ひゅうが》の高千穂《たかちほ》の宮《みや》の御井《みい》⑨をお定めになり、天《あめ》の牟羅雲《むらくも》の命《みこと》さまが、この聖なる水をお移ししてお鎮《しず》めになったのです。

それより後《のち》、この聖なる水を天《あめ》の牟羅雲《むらくも》の命《みこと》さまが、日向《ひゅうが》より丹波《たには》の魚井《まない》の原《はら》の石井《いわい》⑩にお移ししてお鎮《しず》めになり、水戸《みなと》の神《かみ》さま⑪がお仕え申し上げました。その後、この聖なる水は丹波《たには》の魚《まな》井《い》の原《はら》から伊勢《いせ》の豊受大神宮《とようけだいじんぐう》さまの御井《みい》⑫へと移され、二所皇太《にしょこうだい》

②御前に立って
御前は先頭、先鋒の意。先頭に立って進むこと。

③御祖の天の御中主の神さま
天地開闢の時、高天原に最初に出現した神で、造化の三神の一柱である。

④ご協議
原文は「神議《カンノリ》」とある。神々が協議をすること。

⑤天の忍石の長井の聖なる水
高天原の涸れることのない井戸の霊水の意で、天の真名井の水のこと。これは神々の使われている聖なる水であり、これを天照大御神の御饌《みけ》としてお供えし、残った霊水は人間界の荒い水にすすいで和《やわ》らかくして、朝夕の食事に用いなさいと記している。

⑥琥珀の鉢
内宮所伝本に、この鉢は「径、一尺八寸」とある。琥珀は黄褐色の美しい輝きをもつ化石で、古来、宝飾品として珍重されてきた。

⑦「**天の忍水**」
高天原で神々が召し上がられる霊水の意だが、ここでは呪文ないし祈りの言葉として用いられている。ちなみに『風雅和歌集』に「世々を経て汲むとも尽きじ 久方の 天より移す

神宮《じんぐう》さま⑬の朝夕のお食事の際にたっぷりと盛られ、毎日二度お供え申し上げるのでございます。
この御井《みい》の水は不思議なことに永久に枯れることがありません。また、他のことに使用してはいけないことになっております。

高天《たかま》の原《はら》より日向《ひゅうが》の高千穂《たかちほ》の宮《みや》へ、次に丹波《たには》の魚井《まない》の原《はら》へ、そして伊勢《いせ》の外宮《げくう》へと移される天《あめ》の忍石《おしいわ》の長井《ながい》の聖なる水（天《あめ》の真名井《まない》の水《みず》）

をしほ井の水」とある。

⑧朝夕の食事
人間界における朝夕の食事のこと。

⑨日向の高千穂の宮の御井
高千穂宮は数社あり特定できないが、一般に日向高千穂宮といえば、宮崎県西臼杵郡高千穂町三田井にある日向高千穂宮といわれている。天《あま》真名井《のまない》は槵觸《くしふる》神社の西方、二百メートルの地にある。天孫降臨の際に、この地には水がなかったため、天村雲命が天上にのぼられ、霊水を持ち運んだと伝える。今も欅の老木の根元から天然水が湧き出ている。

〔補注〕真名井の水について
外宮高宮の物忌の山田大路元長が応仁二（一四六八）年に著した『詠太神宮二所神祇百首和歌』があり、その中の「藤花」と題する歌に「花開《さけ》ハ眞名井《まない》ノ水ヲ結《むすぶ》トテ藤岡山ニアカラメナセソ」とあり、その註に「件ノ眞名井ノ水ハ自天上降座ス。始ハ筑紫日向ノ高千穂ノ山ニ居置給《すえおきたま》フ。其後、丹波与佐之宮《よさのみや》ニ移シ居置キ玉フ。豊受太神勢州山田原ニ御遷幸。仍彼水ヲ藤岡山ノ麓ニ居祝奉リ朝夕ノ大饌料トス」と記されている。こ

の史料からも天照大御神にお供えする御水は日向国から丹波国を経由して伊勢国へと移されたとあり、またそれを移した時代を豊受大御神が伊勢に遷られた時代（雄略天皇二十二年）とし、さらに移した丹波国の宮を与佐宮（吉佐宮）としている。与佐宮の有力候補である京都府宮津市の籠神社の奥宮真名井神社は、藤岡山に鎮座し、籠神社の例祭である葵祭には神職は古来、冠に藤の花を挿すのである。

⑩丹波の魚井の原の石井

京都府宮津市に鎮座する籠神社の奥宮の藤岡山にある真名井神社の天の真名井の霊水。前述したように、天牟羅雲命は籠神社の累代の社家であり、丹波国造であった海部家の三代目の祖先に当たるが、その神が、生まれ故郷である丹波国の魚井原の石井に天忍石の長井の水を遷したとの伝承が注目される。真名井神社は古代には匏宮《よさのみや》と称した。匏《ひさご》の褒め言葉を「天のよさづら」と言い、匏に天村雲命が天から持ち降った天つ水を入れて供え、豊受大御神を祀ったことから匏宮と称する。倭姫命は、この霊水を瓢箪に入れて魚井原（真井原・真名井原）から伊勢外宮の御井へお遷ししたと伝える。既述したように、豊受大御神を迎えにきた人々のなかに丹波道主貴の子孫（大物忌の祖）がいた。この人こそ倭姫命であろう。このように考えて見ると、倭姫命が豊受大御神を迎えに来られた理由がわかるような気がする。つまり、倭姫命の母君の日葉酢媛命は、丹波国の与佐郡の魚井原で豊受大御神を祀る巫女であった。換言すれば、日葉酢媛命の御子の倭姫命は天照大御神のみならず豊受大御神も祀る血脈に繋がることが明らかである。

⑪水戸の神さま

港の神、河口の神で、水を司る神のこと。

⑫伊勢の豊受大神宮さまの御井

藤岡山の麓にある伊勢外宮の所管社である上御井神社の井戸のこと。この霊水を汲む時は、水面に自分の影を落とさないよう長い柄の柄杓で汲むことになっているという。古代は瓢箪を二つに割って水を汲んだ。上御井神社は、忍穂井《おしほい》と呼ばれ、高天原の真名井 を遷したものと伝えている。南北朝時代の歌集『風雅和歌集』に所収の「をしほ井のけふ若水に汲みそめて御あへたむくる春は来にけり」（度会家行）、「世々を経て汲むとも尽きじ久方の天より移すをしほ井の水」（度会延誠）などの歌が参考になる。

⑬二所皇太神宮さま

天照大御神と豊受大御神の二柱のこと。

30 倭姫《やまとひめ》の命《みこと》さまの最期《さいご》のお諭《さと》しと神去《かむさ》り

雄略《ゆうりゃく》天皇さまがご即位なさって二十三年目の二月①のことでございます。倭姫《やまとひめ》の命《みこと》さまは宮人《みやびと》②や物部《もののべ》③の多くの氏人《うじびと》をお集めになり、次のようにおっしゃいました。

「神主部《かむぬし》④、物忌《ものいみ》⑤ら、その他の人々らもよくお聞きなさい。その昔、天照大御神《あまてらすおおみかみ》さまが、わたくしの夢のなかにお現れになって、次のようなご託宣《たくせん》⑥をなさいました。『心《こころ》神は天地《あめつち》の根本《こんぽん》⑦、身体《からだ》は五行《いつわざ》が姿を変えたもの⑧、そうでありますので、元《はじめ》を元《はじめ》として、その元《はじめ》の最初に立ち返り、本《もと》を本《もと》として、その根本《こんぽん》の心に立ち返らせる⑨という本源《ほんげん》という考え方にすべてを委《ゆだ》ねるようにしなさい。神さまが思《おぼ》し召《め》しを垂《た》れたまうのは、誠心誠意を尽くして祈祷《きとう》（いのり・まつり）する者を優先といたします。また神さまの御恵《みめぐ》みというものは、正しく素直な心を大事にいたします。⑩

そもそも、天を尊《とうと》び地上の神さまにお仕え申し上げ、神さまを崇《あが》

《さらに詳しく知りたい方のために》

①雄略天皇さまがご即位なさって二十三年目の二月

雄略天皇二十三年は、西暦四七九年。なお、『造伊勢二所太神宮宝基本記』（宝基本記）によれば、倭姫命は神主部・物忌・八十氏に向かっていわれたのは「天皇の即位廿六年丁巳の冬十一月、新嘗会の祭の夜」とある。

②宮人

皇大神宮と豊受大神宮に仕える人。

③物部

古代において大伴氏とともに朝廷の軍事をつかさどった有力な氏族。

④神主部

伊勢の神宮に奉仕する禰宜・内人《うちんど》の総称。万葉集に「いぐし立て神酒《みわ》据ゑ奉《まつ》る神主部《かむぬし》のうずの玉陰《たまかげ》見ればともしも」（十三―三二二九）に見るように「神主部」は「かむぬし」と訓むのを一般的とするが、賀茂真淵は「はふりべ」と訓む。ちなみに神宮では、神主は神官の長であり、大神主とも呼ばれた。初代の大神主は大若子命《おおわかごのみこと》であり、別名を大幡主《おおはたぬし》という。天日別命の子孫で度会氏の祖先神である。倭姫命が伊勢国の桑名野代《くわなのしろ》の宮に御遷幸になった際、

め、ご祖先さまを尊《とうと》び敬《うやま》えば、ご祖先さまの御霊《みたま》を祭る宗廟《そうびょう》⑪も絶えることなく、皇統は安泰であり、国中も平和に治まることでありましょう。また、仏法の勢いをさえぎり⑫、天の神さまと地上の神さまを鄭重《ていちょう》に拝《おが》みなさい。太陽と月は国中を巡って、国内を照らしてくれるけれども、何よりも先に照らさなければならないのは、正直な心の持ち主でなければなりません』と、このようにご託宣《たくせん》なさいました。これらは確かなこと、明白なことであります。あなたたちが、目に見えない神さまを、目の前に神さまがいらっしゃるかのように、ひたすらに礼を尽くし、皇室のご繁

誠意を尽くし、素直な心を持って、神仕《かみづか》えをする者の身《み》の上《うえ》には、神さまのご加護《かご》があると教《おし》え諭《さと》される倭姫《やまとひめ》の命《みこと》さま

お供としてお仕えになり、国内の風習を説明申し上げた。

⑤物忌
伊勢神宮に奉仕した童男・童女で、香取・鹿島・春日・賀茂などの大社にもいた。なお、物忌の介護者がおり、それが男性の場合は物忌父《ものいみのちち》、女性は母良《もら》と呼んだ。

⑥ご託宣
神が夢の中などに現れて、神意を告げること。

⑦心神は天地の根本
原文は「心神は則ち天地の本基」とある。「心神」とは心、精神のこと、つまり、人の心は神の宿るところとの意味である。また「天地の本基」とは、世の中の基本ということ。『宝基本記』には「人は乃ち天下の神物なり。須らく静謐を掌るべし。心は乃ち神明の主なり。心神を傷くるなかれ」とある。このように伊勢神道の説く「心神」は、人間が神より賜った神の分霊であるとの考えである。そしてこのような「心神」をそのままに生きることが「正直」であり、さらにいえば「清浄」である。つまり神の分霊が宿る人間は「正直」「清浄」でなければならない。そこで重

要なのは「禊・祓」という清めの思想であり、散斎《さんさい》・致斎《ちさい》という斎忌の思想である。

⑧身体は五行が姿を変えたもの

一般に五行というと、古代中国の陰陽五行説のことと説明される。万物は木・火・土・金・水の五つの要素が循環することにより形成されるとの説であるが、ここでは「五《いつ》つ行《みち》」との意で、人間のあらゆる行為のことであり、それはさまざまに姿を変えるのである。

⑨元を元として、その元の最初に立ち返り、本を本として、その根本の心に立ち返らせる

原文は「元《はじめ》を元《はじめ》として元《はじめ》の初《はじ》めに入《い》り、本《もと》を本《もと》として本《もと》の心《こころ》に任《よ》させよ」とある。その意味は、根源をしっかりと見つめ、源を明らかにすること。換言すれば、これは厳格な繰り返しを意味するが、それは単なる形式的な繰り返しでなく、そのことにより新たな生命はよみがえるとの考えである。この思想は中世の伊勢神宮の神職間で盛んに用いられたが、それを深めた一人に北畠親房がいる。親房は戦乱の世に生き、その体験を通して、「元々本々」による変革を志

栄をお祈り申し上げるならば、自ずと天下は平和になり、国中の人々も安らかになるであろう」

このように広く多くの人々へのお告げが終わると、倭姫《やまとひめ》の命《みこと》さまはご自分から尾上《おのえ》の山《やま》⑬に退《しりぞ》かれ、神去《かむさ》り⑭なさったのでございます。

した。親房の著作に『元々集』がある。これに関して『宝基本記』に「左の物を右に移さないという正直さを守り、武器を用いず、鞆《とも》の音を聞かず、口に穢れた不浄をいわず、目に汚《きたな》いものを見ないで、静かに慎《つつし》みの真心をもって、あたかもそこに神がおられるかのようにお祭りしなさい」と記すことが留意される。

⑩**神さまが思し召しを垂れたまうのは、誠心誠意を尽くして祈祷（いのり・まつり）する者を優先といたします。また神さまの御恵みというものは、正しく素直な者を大事にいたします**

原文は「神《かみ》は垂《た》るるに、祈祷《ねぎごと》を以《も》ちて先《さき》と為《な》す。冥《めぐ》みは加《くは》ふるに、正《まさ》しく直《なほ》きを以《も》ちて本《もと》と為《な》せり」とある。神道で説く理想的な神仕えの心を述べたところで、これに関しては「明浄正直《めいじょうせいちょく》」という言葉がある。すなわち「明《あか》き浄《きよ》き正《ただ》しき直《なお》き」心のことである。「明き」は嘘いつわりのない心、「浄き」は清浄な心、「正しき」は誠意を尽くす心、「直き」は自分の行いに対して反省して改善する素直な心を意味する。ちなみに山崎闇斎が説いた垂加神道は、この『倭姫命世記』に見える天照大御神の御託宣によるものである。

⑪**宗廟**

祖先、特に君主の祖先の霊を祀った建物。御霊や先祖を祀る。

⑫**仏法の勢いをさえぎり**

原文は「仏《ほとけ》の法《のり》の息《いき》を屏《しりぞ》け」とある。なお「息《いき》を屏《しりぞ》け」を「息《いき》を屏《かく》して」と訓む説もある。ちなみに「屏息《へいそく》」という熟語があり、その意味は「息を殺して、じっとしていること。また、恐れてちぢこまること」だという。「屏・屏」は「閉じて外に出さない」ことをあらわすという。そうすると、仏法の息を止めて遠ざけることと解される。

⑬尾上の山
外宮の近く、伊勢市倭町（旧・常明寺門前町）に倭姫命御陵がある。尾上《おべ》御陵と呼ばれており、宮内庁の管轄となっている。

⑭神去り
貴い方がお亡くなりになること。お隠れになるともいう。

『倭姫の命さまの物語』の刊行に寄せて

三橋　健

『倭姫《やまとひめ》の命《みこと》さまの物語』が出版されましたことを心からお祝い申し上げます。この出版を切望していた一人としてとてもうれしく思います。

いつのことだったか、記憶は定かでないのですが、突然、著者の海部やをとめさんから、本書を監修してほしいとの依頼がありました。わたくしは適任者でございませんでしたので固辞いたしたのですが、ほどなくして籠神社《このじんじゃ》の海部光彦宮司様、そして冨山房インターナショナルの坂本喜杏社長様からも丁重なご依頼を受けました。

そこで心静かに考えてみました。――これはわたくしに改めて『倭姫命世記』の勉強をする機会を与えてくださっているのでなかろうか――そのように思うようになりましたので、おこがましくも文章と絵の両方の監修を承諾いたしました。

わたくしが著者の海部やをとめさんに初めてお会いしたのは昭和五十八年の夏のことです。少し詳しく説明すると、やをとめさんは國學院大學の神職養成講習会正階課程を受講しておられ、そのとき、わたくしの担当する祝詞講義を聴講されました。言わば、わたくしの教え子であります。ちなみに、この講習会を修了され、翌五十九年、やをとめさんは海部家が累代奉仕されてこられた丹後国の一宮、籠神社の権禰宜になられました。

その後、やをとめさんと出会ったのは昭和六十一年七月二十一日のことでした。この日は籠神社の神前で三丹地方学術調査発足奉告祭が執り行われ、その祭典のなかで巫女神楽が舞われました。その舞姿は天女のように美しく優雅であり、調査員一同に深い感銘を与えました。その時の舞姫が海部やをとめさんでした。丹後には八人の天女が舞い降りたとの伝承があります。

その天女の一人を目のあたりに見ているようでした。

横道にそれて恐縮ですが、ここで三丹地方学術調査について話すことをお許しください。丹波・丹後・但馬のいわゆる三丹地方の学術調査は昭和六十一年から六十三年まで行われました。団長は日本法制史研究で有名な滝川政次郎先生、副団長は日本南北朝史の第一人者の村田正志先生でした。研究員は十六名であり、記憶をたどると、古代史学の角田文衛先生・田中卓先生、国文学の野村純一先生、考古学の乙益重隆先生、歴史地理学の木下良先生、日本法制史学の中澤巷一先生・小林宏先生、籠神社宮司の海部光彦様など、そうそうたる顔ぶれが浮かんできます。不肖ながらわたくしも研究員に加えていただき、調査団事務所をわたくしの研究室に置きました。

このようなことを書き記すのも、私ども調査団一同は、ことのほか籠神社にお世話になったからであります。特にやをとめさんには調査団のマイクロバスに同乗してもらい、飲み物などのお世話役を担っていただきました。

ところで、調査団結成の下準備は昭和六十一年以前から始まっており、わたくしは滝川先生に伴われて何度か籠神社を訪れました。そのとき、現在は早稲田大学教授として活躍されておられる島善高さんもご一緒でした。その頃は海部穀定《よしさだ》宮司様の時代でありました。穀定宮司様は史料等の扱いに対してことのほか厳しく、例えば、国宝「海部氏系図」を拝見するには、前日から斎戒沐浴が求められました。また拝見する部屋には白布が敷きしめられ、「系図」に触れることができるのは海部家の血脈に属する方に限られました。すべてはこのようなことでしたので、調査には予想以上の時間を要しましたが、一方、貴重な史料を後世まで遺すには、このような厳格さが必要だということも教えられました。

そのように厳しい穀定宮司様でしたが、お孫さんたちに対しては、やさしく、気のいいおじいちゃんであり、わたくしがいただいたお手紙には、必ず「穀成《よしなり》のことをよろしくご指導ください」と書いてありました。いうまでもなく、「穀成」とは、現在、籠神社の禰宜として日夜神明奉仕に精進されておられる海部穀成さんのことです。この「穀成」とのお名前は「穀定」の「穀」を受け継ぐものであり、それは穀定様の魂の継承を意味しております。

ちなみに、昭和五十九年十一月、穀定宮司様は生涯をかけて研究された成果を東京の出版社おうふうから『元初の最高神と大和朝廷の元始』と題して刊行なさいました。その「まえがき」に「出版斡旋の労を取られた三橋健先生に厚く御礼を申し上げる」とお書きいただき、恐縮いたしましたが、残念ながら、その一年後の昭和六十年九月二十七日、穀定宮司様は八十五歳で逝去されました。その後、現宮司の光彦様のご尽力により、本書は八版を重ねています。このような固い学術書が版を重ねるのは希有なことでありましょう。

次に注目されるのは、穀定宮司様が執拗に『倭姫命世記』の研究にこだわられたことです。その執念ともいうべき、穀定宮司様の魂は、おのずとお孫さんのやをとめさんへと継承されてきたのであり、このたび刊行された『倭姫の命さまの物語』は、その結晶のひとつといえます。穀定宮司様は穀成さんとやをとめさんに、海部家所蔵史料・資料の管理と研究をさせるといっておられました。わたくしたちが宮司家に伺ったときも、穀定宮司様はやをとめさんに史料の出し入れをさせておいでになり、そのときも、籠神社所蔵の史料は穀成さんとやをとめさんとに管理・研究させせると繰り返し言っておられたのが印象的でした。

このようなことをあれこれと想い出してみると、近い将来に第八十三代宮司を継承される穀成禰宜さんと令夫人そして姉上のやをとめさんとが、互いに協力して籠神社と奥宮の眞名《まない》井神社を弥栄えに栄えていかれることは間違いなく、また、そのことを亡き穀定様も草葉の陰から見守っておられると思います。

著者の「やをとめ」というお名前は、『倭姫命世記』に見える「丹波《たには》の国与佐《くによさ》の小見比沼《をみひぬ》の魚井原《まなゐのはら》にまします道主《みちぬし》の子《こ》の八乎止女《やをとめ》」に由来するものと思われます。この「道主《みちぬし》」は丹波《たには》の道主命《みちぬしのみこと》であり、海部家の御先祖といわれております。換言すれば、開化《かいか》天皇の皇子の彦坐王《ひこいますのみこ》の子で、垂仁天皇の皇后である日葉酢媛命《ひばすひめのみこと》の父上にあたり、四道将軍《しどうしょうぐん》のお一人でもあります。

余談ながら、「八乎止女《やをとめ》」を一般に「八人の娘」と解していますが、それは八人の天女が水浴したと伝える『丹後国風土記逸文』に見える「羽衣伝説」からの連想であります。しかし、「八乎止女」は八人にこだわる必要がなく、わたくしは「丹波の道主命の乙女」と解してもよいと思います。

重要なのは、この「八乎止女」が心身を浄めて食物神の止由居《とよけ》大神《おおみかみ》（豊受大御神）さまを祀ると伝えること、さらに雄略天皇が御即位されて二十一年目の十月朔日に、天照大御神さまが倭姫の命さまの御夢の中にあらわれ「天照大御神であるわたくしは、一ヶ所ばかりにおられるので、食物も心安らかに召し上がれない。丹波の道主命の乙女がお祀りしている食物神の豊受大御神さまを、私がいらっしゃる伊勢の国へ遷るようにさせてほしいと思う」とお諭しなさったと記すことであります。このところをやをとめさんは「天照大御神《あまてらすおおみかみ》さまであるわたくしが、天上界で日の若宮において豊受大御神《とようけのおおみかみ》さまと共にいらっしゃった時のように、地上界においても豊受大御神さまと共にひと所にいらっしゃらないのでは、お食事も心安らかに召し上がることができません」と解しており、一般的な解釈とはいささか異なっていることが注目されます。このようなやをとめさんのお考えは、籠神社の奥宮の眞名井神社に祀る豊受大御神さまに奉仕する中から自然と表出したものでありましょう。

やをとめさんとの対話の中で、いまも印象に残っているのは、「わたくしは籠神社の神さまはいうまでもありませんが、とりわけ奥宮の眞名井神社に祀られている豊受大御神さまには一意専心《いちいせんしん》ご奉仕させていただいております。このたびの『倭姫の命さまの物語』のことなども、すべては大御神さまのみ心によるものであり、その評価も大御神さまにお任せいたしております」と語っておられたことです。このお言葉の通り、やをとめさんは「丹波の道主命の八乎止女」の魂を継承される唯一の方であると思いますし、そのことは本書でも豊受大御神さまが丹波の国の与佐の小見比沼の魚井原から伊勢へとお遷りになるあたりに力説されております。

籠神社には『倭姫命世記』の諸写本が所蔵されています。このたびの口語訳の典拠となったのは秘蔵の内宮《ないくう》所伝本であり、この写本については、未発表ですが、やをとめさんに「内宮所伝本の『倭姫命世記』について」と題する解説があります。この内宮所伝本は一般の倭姫命世記本と相違点があり、そのことはつとに穀定宮司様が「内宮祀家相伝本倭姫命世記の概要」（『元初の最高神と大和朝廷の元始』所収）で述べ、また皇学館大学の田中卓博士も『神道大系』「伊勢神道」（上）「倭姫命世記」の解説で、「この写本（内宮所伝本）はたしかに異本系で、詳しく研究する必要があろう」と述べておられます。

やをとめさんが解説するように、内宮所伝本には一般の倭姫命世記本にない記事を随所に見ることができます。両本の詳しい校異は今後の研究を俟《ま》つことにしますが、例えば、内宮所伝本には倭姫の命さまが各地をご巡幸された年月日を記しています。一例を示すと、第四話の冒頭を一般の倭姫命世記本には、崇神天皇の「三十九年壬戌《みづのえいぬ》、但波《たには》の吉佐《よさ》の宮《みや》に遷《うつ》り幸《みゆ》きし、四年《よとせ》を積《へ》て斎《いつ》き奉《まつ》る」とありますが、内宮所伝本には「三十九年壬戌三月三日、但波の吉佐《ヨサ》の宮に遷幸《ミユキ》なりまして、秋八月十八日、瑞籬《井カキ》を作て、四年を積《へ》て斎《イツ》き奉る」と記しています。ただ、この『倭姫の命さまの物語』は「倭姫命世記」の厳密な完訳でなく、また一字一句にこだわるという学術的な内容でもありません。

既述したように、やをとめさんは籠神社宮司を、累代踏襲してきた社家の娘として生を享けられ、そのことをしっかりと自覚されておられます。丹波道主の娘である八乎止女《やおとめ》を理想と仰ぎ、籠神社はいうまでもなく、とりわけ奥宮・眞名井神社の主祭神である豊受大御神さまに専心奉仕されており、その精神は本書の随所に見ることができます。例えば、「神」を「神さま」と尊称しておられ、そのような言葉遣いにも、やをとめさんが心から神さまを尊崇されていることがわかります。いうまでもなく、「神」と「神さま」とでは意味するところがまったく異なるからであります。

やをとめさんは、平成になって高い神職資格である明階を授かっておられ、神明奉仕の日々ということですが、そのかたわら、学問の研鑽も積まれており、本書はその成果の一部といえましょう。そこで特記されるのは、本文の下に「さらに詳しく知りたい方のために」という脚注・補注が付されていることで、それらは学術的な内容となっています。もとより、信仰と学問とは必ずしも一致するものでありませんが、信仰をより堅固ならしめるために学問をすることが最も良い方法の一つであるとわたくしは確信いたします。したがいまして、今後もやをとめさんにおかれましては、いよいよ神明奉仕に専心されますよう祈念いたしますとともに、本書を一つの布石として学問の道にも精進されますことを切望いたします。

続いて、視点を挿絵へと移します。挿絵が本書の理解を深め、これをひもとく人々に興味を持たせるための大きな助けとなっていることはいうまでもありません。そうはいうものの、わたくしには絵の知識が乏しく、思案にくれていたのであります。そのとき、新井正光編集主幹から十八点の挿絵とともに絵師の略歴が送られてきました。そこで初めて、これらの挿絵は日本画家の福嶋武史さんの作品であることを知りました。

福嶋さんは、昭和二十八年に埼玉県でお生れになり、昭和五十二年に東京芸術大学を卒業、その後、三十数年にわたり大塚巧藝社において絵画の修復や復刻画の制作に従事してこられました。全国の博物館や美術館の所蔵品のなかには、福嶋さんが修復・修理を手掛けられたものが数多くあります。それらのなかの主なものに、上杉本「洛中洛外図」（米沢市立博物館）、「江戸図屛風」（国立歴史民俗博物館）、「清水寺縁起絵巻」（清水寺）、ボストン美術館蔵「法華堂根本曼荼羅」（東大寺）、高橋由一「愛宕山から品川沖を望む」（港区立港郷土資料館）などがあります。

このような修復・修理を通して福嶋さんは着実に有職故実などに関する豊富な知識を身につ

けられたことは確かであり、したがって、わたくしのごときが、福嶋さんに教示するものはありませんでしたが、ただ、ささいなことでしたが、神社の建築、神祭り、神饌の供え方などについて愚見を述べさせていただきました。福嶋さんは、それを快く受け入れられ、早速に修正を加えて下さいました。

また、倭姫の命さまが天照大御神さまの御霊代《みたましろ》である八咫鏡《やたのかがみ》を奉戴してご巡幸されるお姿をどのように描いたらよいか。これはとても重要な問題であります。『皇太神宮儀式帳』には「倭姫《ヤマトヒメ》の内親王《ヒメミコ》、太神《オホミカミ》を頂《イタダ》き奉《マツリ》て」とあり、また『倭姫命世紀』にも「倭姫命、天照太神《あまてらすおほみかみ》を戴き奉りて行幸《ミユキ》す」と記してあります。「頂く・戴く」は「頭の上に載せてもつこと」でありますから、倭姫の命さまは天照大神さまの御霊代《みたましろ》である八咫鏡《やたのかがみ》を頭上に奉戴してご巡幸されたものと考えられます。

そこで注目されるのは、奈良市菩提山町所在の正暦寺に所蔵する「伊勢両宮曼荼羅」の内宮図に描かれる倭姫の命さまの立像です。立像の左側に「大和姫皇女」と墨書してありますので、これが倭姫の命さまであることは確かであります。その倭姫の命さまは緋色《ひいろ》の羽織を着け、頭上に大きな包みを載せ、それを両手でしっかりと支えておられます。この包みのなかに天照大御神さまの御霊代《みたましろ》である八咫鏡《やたのかがみ》があるものと思われます。ちなみに、倭姫の命さまは山の神さまと対話をしているようであり、何を話されておられるのか、興趣をひかれます。

この曼荼羅は南北朝頃の制作といわれていますので、倭姫の命さまの絵像としては最古の部類に入りますので、そのことを福嶋さんにお伝えし、倭姫の命さまがご巡幸されるお姿を描く参考にしていただきました。

よく「文は人なり」といいますが、絵もまた人なりであるとわたくしは思います。福嶋さんの絵には福嶋さんの思想やお人柄がにじみ出ております。実に念入りに描いてあり、彩色を丁寧にほどこし、いずれの絵も優雅で品格があります。その優雅さが、この『倭姫の命さまの物語』に最も相応しく、力強さを与えております。したがって、心静かに、ゆったりとした気持ちで、文章とともに絵を鑑賞してまいりますと、絵の方から私たちに何かを語りかけてくるような思いがいたします。そして時空を超えて遠い神代の世界へと誘われて行かれるようでもあります。福嶋さんの絵は、朱と青が美しく、それらが対立してきわだっているのでなく、互いに響きあって雅やかな雰囲気を醸し出しております。

ここに十八点の挿絵の全てに触れる暇はありませんが、例えば、最初の挿絵は天上界において御饌都神《みけつかみ》（豊受大御神）さまと大日孁貴《おおひるめのむち》（天照大御神）さまとが目に見えない深い契を結ばれているところを描いたものです。ともにお顔を御簾に隠しておられるのは、それが神さまであることを示しています。

また画面に向かって左に日輪《にちりん》（太陽）、右に月輪《がちりん》（月）を描いてあります。このように同じ画面上に日と月が並ぶのは、この絵は現実の世界を描くものでなく、神話的世界を表現していることがわかります。

そこで注目されるのは「神代紀上」第五段一書第十一に伝える日の神さまと月の神さまの争いの神話です。ことの発端は月の神である月夜見尊《つくよみのみこと》さまが食物の神さまを殺したことに始まります。それを知った日の神の天照大御神さまはご立腹されること甚だしく、月夜見尊さまに「お前は悪い神だ。二度と顔を見たくない」とおおせられます。それまでは日と月は仲良く並んで出ていたのですが、この争いにより日は昼に月は夜に出ることになりました。要するに、ここには昼夜が交換する由来が語られております。

このように、日輪と月輪を同一画面上に描く手法は垂迹《すいじゃく》美術などにもしばしば見られます。これはほかならぬ、そこが神仏の世界であることを表現するものです。

最後に、本書刊行の意義についていささか述べておきたいと思います。ヒロインである倭姫の命さまは、第十一代垂仁天皇の皇女で、第十代崇神天皇の皇女の豊鍬入姫《とよすきいりひめ》の命《みこと》さまの後を継がれて、御杖代《みつえしろ》として天照大御神さまにご奉仕されました。天照大御神さまの御霊代《みたましろ》である八咫鏡《やたのかがみ》を頭上に奉戴して、大和国をご出発し、各地をご巡幸されます。そして、最後に伊勢国に入られて天照大御神さまのみ教えとお諭しにより、皇大神宮《こうたいじんぐう》をご創建されました。その後も倭姫の命さまは、神宮の年中祭祀、禰宜《ねぎ》、大物忌《おおものいみ》以下の奉仕者の職掌、さらに斎戒《さいかい》や祓《はらえ》の法《のり》をお定めになられるなど、神宮の祭祀と経営の基礎を確立なさいました。

中世以来、伊勢神道では「神道五部書《しんとうごぶしょ》」を中心に、その教説を全国に広く唱道してきました。なかでも『倭姫命世記』には、天照大御神さまが倭姫の命さまに告げられたみ教えが記されています。そのなかで最も重要なのは「心神《こころ》は則《すなは》ち天地《あめつち》の本基《もと》」で始まる託宣であります。この託宣をやをとめさんは、次のように評釈しておられます。

「心神《こころ》は天地《あめつち》の根本、身体《からだ》は五行《いつわざ》が姿を変えたもの、そうでありますので、元《はじめ》を元《はじめ》として、その元《はじめ》の最初に立ち返り、本《もと》を本《もと》として、その根本《こんぽん》の心に立ち返らせるという本源《ほんげん》という考え方にすべてを委《ゆだ》ねるようにしなさい。神さまが思《おぼ》し召《め》しを垂《た》れたまうのは、誠心誠意を尽くして祈祷《きとう》（いのり・まつり）する者を優先といたします。また神さまの御恵《みめぐ》みというものは、正しく素直な心を大事にいたします。そもそも、天を尊《とうと》び地上の神さまにお仕え申し上げ、神さまを崇《あが》め、ご祖先さまを尊《とうと》び敬《うやま》えば、ご祖先さまの御霊《みたま》を祭る宗廟《そうびょう》も絶えることなく、皇統は安泰であり、国中も平和に治まることでありましょう。（中略）太陽と月は国中を巡って、国内を照らしてくれるけれども、何よりも先に照らさなければならないのは、正直な心の持ち主でなければなりません」

要するに、大切なのは根源をしっかりと見つめ、左の物を右に移さないという心であり、そのような心が世の中の根本にあること、また慎《つつし》み深く、嘘いつわりのない、清浄《せいじょう》で誠意を尽くす真心を持ち、神さまを敬い、ご祖先さまを崇拝するならば、世の中は静謐《せいひつ》となり、日本は平和に治まると説いております。

中世に始まった伊勢神道の「正直《しょうじき》」と「清浄《しょうじょう》」のみ教えは、人間が人間として生きていく上で基本とされる重要な徳目であります。これらはいかなる時代においても不変の真理とされるべきであります。偽装工作が蔓延し、「まことの生き方」が求められている現在の世に、本書が刊行されます意義は、とても重要であると思います。

監修：三橋 健（みつはし たけし）
1939年、石川県生まれ。神道学者。神道学博士。國學院大學大学院文学研究科神道学専攻博士課程を修了。永年、國學院大學神道文化学部および同大学院教授を務め、2010年、定年退職。現在は、日本の神道文化研究会の代表として活躍している。
おもな著書に、『国内神名帳の研究（論考編・資料編）』（おうふう）、『神道の常識がわかる小事典』『神社の由来がわかる小事典』（いずれもＰＨＰ研究所）、『伊勢神宮　日本人は何を祈ってきたのか』（朝日新聞出版）など、神道・神社に関する啓蒙書が多くある。

著者：海部やをとめ（あまべ やをとめ）
天橋立に鎮座する丹後国一宮・元伊勢籠神社の宮司を累代踏襲してきた海部家の長女に生れる。奈良大学文学部卒業。同大学博物館学芸員資格を取得。現在、籠神社権禰宜。同社宝物資料室学芸員。日本の神道文化研究会顧問。元京都女子神職会会長。神明奉仕のかたわら、『海部氏系図』『海部氏勘注系図』の神学的研究、『倭姫命世記』『丹後国風土記』の書誌的研究に従事。籠神社所蔵の史料・資料の調査と整理、また海部家に語り継がれてきた神話および丹後地方の伝承を一般にもわかりやすく解説することに尽力している。

倭《やまと》姫《ひめ》の命《みこと》さまの物語

2018年6月20日　第1刷発行
監　修　三橋　健
著　者　海部やをとめ
発行者　坂本喜杏
発行所　株式会社冨山房インターナショナル
〒101-0051 東京都千代田区神田神保町1-3
TEL.03-3291-2578　FAX.03-3219-4866
www.fuzambo-intl.com
製　版　東京平版株式会社
印　刷　株式会社ウエマツ
製　本　加藤製本株式会社

ISBN 978-4-86600-047-3 C0714